大展好書 好書大展

實用心理學講座
7
不可思議的人性心理
多湖輝／著
郭汝蘭／譯
大展出版社有限公司

序文

你是否有過以下的經驗呢？當你在公車上，看到一名酒醉的男人，正在糾纏一位年輕的女性時，沒有任何一個乘客肯上前為這位女孩子解圍，雖然你很想過去將那個男人拉開，但是，當他瞄你一眼後，你的勇氣頓然消失的無影無踪。

假如當時在場的只有你、醉漢與那個女孩時，你會怎麼辦？是假裝視若無睹，或是見義勇為的去對付那個喝醉的人呢？

坦白說，這種狀況與行動的配合往往相反。如果周圍有許多人，應該是站起來有恃無恐的去對付那個醉漢。但實際上，此時反而有說不出話的現象。為什麼自己在那種情形下，不敢挺身而出地維護公道呢？相信很多人回家之後，心中一定會感到相當後悔！

有一對以爭吵聞名的夫婦，當他們在吵架時，你簡直無法想像，他們是如何生活在一起的，或許還會認為，「離婚」對他們而言，只是遲早的問題。但是，令人非常意外的，他們竟然共同生活了二十年，而這二十年來，兩人依然是吵吵鬧鬧。

為什麼人類會出現這種行為，本書當然會有詳細的說明。也正因為人類這種不可思議的心理，所以作者才會專攻心理學。

這個世界上，不可思議的事情太多了。然而，隨著科技的文明，無論是宇宙的奧秘或生命的誕生，這層神秘面紗，已逐漸被人類解開，再也不是「不可思議」了。人性心理的不可思議，可以說是最複雜的。但對人類而言，最不可思議的，則是「宇宙」的存在。

本書探討的雖然是人性不可思議的心理，但各位讀者不要將它當作是專門性或學術性的書籍，只要以輕鬆的心情，了解人類為什麼會產生各種不可思議的心理即可。

目錄

第二章　意外的人性心理

第三章 驚異的人性心理

第四章　奇妙的人性心理

第五章　諷刺的人性心理

第一章　可笑的人性心理

△不可思議的嫉妒心理

星期六的下午，一群高中畢業已二十年的婦女在某飯店擧行同學會。昔日活潑的少女，當天都穿著盛裝赴宴。

當大家正談的興高采烈時，昔日的班長突然對嫁給富家子的同學說：

「小美，妳看起來比以前憔悴，是不是有錢人家的生活很不自由？關於這點，我比妳好多了，因爲我不必侍奉公婆，所以生活得非常輕鬆自在。」

雖然語氣輕鬆愉快，但她的外表似乎已被生活的重擔，壓的變成黃臉婆了

。這位班長在學生時代，便具有不服輸的個性，如今更自認爲應該是同學中最幸福的一位，因此，當她看到小美好像非常幸福時，才會嫉妒的說了以上的話。

當一個人實際得到的東西與理想有一大段差距時，心理往往會產生不平衡。爲接受這種不平衡帶來的痛苦，多半會想盡各種理由，將痛苦的事情變成美好的。這種情形即是心理學上所說的「合理化」，亦即「甜檸檬的理論」。

雖然是很酸的檸檬，但只要是自己得到的，總會想盡辦法使它變甜，相信你周圍即有許多這種人。

△不可思議的賭博心理

「拍青果」（一種打彈珠的賭博玩具）在日本風行了三十年，以前是用手打的，現在則改為電動，所以大家更不容易贏錢了。然而，玩的人似乎有增無減。喜歡玩「拍青果」的人表示，正因為獲勝的比例不大，因此他們才樂此不疲。

一些沈溺於「拍青果」的人也說：「雖然明知獲勝的機會不多，但就是很想玩，連自己也覺得不可思議。」

以心理學分析，人們因為「拍青果」的彈珠不容易掉出來，所以才會執迷不悟的去玩，倘若彈珠變成只進不出時，相信很多人就不會想玩了。

一九六一年時，摩根曾做以下的實驗——

他分別裝置一種拉下手桿即會出現餌食的「百分之百強化型」設備，以及一種偶爾才會出現餌食的「間歇型」設備；然後在兩個箱子中各放進一隻黑猩猩。結果，兩隻黑猩猩立刻發現餌食的安裝構造，於是，牠們都不停地去拉手桿。經過一會兒之後，關在強化型箱中的黑猩猩，便喪

彈珠出來太快便麻煩了，因為和她的約會還早

失了興趣，而關在間歇型箱中的黑猩猩，仍然很有耐心地拉著手桿。

這種現象在心理學上稱爲「間歇強化的法則」，即指「在報酬頻度少的狀況下所學會的反應，即使報酬停止之後，仍然會持續下去」的法則。

因此，不僅是「拍青果」，舉凡吃角子老虎、賽馬、大家樂或飈車等的賭博行爲，因爲從來沒有獲得頭彩或偶爾贏些小錢，大家才會陷入間歇強化的泥沼中而無法自拔。

△不可思議的說話技巧

任職於美國某著名推銷顧問公司的艾馬·赫亞曾說：「人類是一種最怕厤煩的動物，但是，一旦這件事情對自己有利時，即使再厤煩，也不會有任何的怨言。」赫亞還舉一個例子說明，如乘坐公車時，很多人都喜歡擠在車門的位置，對於下車的人造成很大的不便，即使司機先生大聲說：「請大家往裡面移動一步。」乘客大部分都無動於衷。但是，司機先生如果改說：「裡面還有空位。」大多數的乘客就會自動往裡面走。

由此可知，說話技巧的重要性。因爲赫亞能夠掌握人類的心理，所以他推銷物品總是無往不利。

總而言之，當你要別人去做他不願意做的事情時，最好能夠附帶某種餌食（好處），不要一味使用「請大家往裡面移動一步」的說法，以免徒勞無功。

△不可思議的比較心理

有一位年輕人，他將自己辛苦存下的錢，買了一部夢寐以求的跑車。但是，自從買了這部跑車後，反而比以前更仔細的閱讀有關該汽車的各種廣告。

他的朋友看到這種情形便笑著說：「難道你的跑車眞的有這麼好嗎？」其實，這位年輕人並不認爲自己的跑車有多好，所以才會一直注意其他車子的廣告。一旦他看到新上市的汽車比自己的好，心中便又產生不平衡。

因此，他爲了避免產生不平衡的心理，後來只注意關於自己跑車的情報。像他這種逃避現實的駝鳥心理，相信很多人都有吧！

△不可思議的遲到心理

某位課長爲改正部屬經常遲到的習慣，就請該單位年齡最長，又天天遲到的一位課員，注意其他課員是否遲到。結果，這位天天遲到的課員，從此再也沒有遲到的記錄，而其他的課員也不再經常遲到了。

後來，這位課長又派一位浮濫報帳的職員，去檢查某位新進同事的傳票，結果也得到同樣的效果。

這位課長所運用的方法，心理學上稱爲「職務實演教育訓練法（ role playing ）」。亦即，被指派爲監督者的員工，會使用邏輯學上的理論，說服其他的同事不要遲到，但在此之前，自己必須先改正遲到的習慣。換言之，親自去做卻無法得到效果的事情，不如委託給第三者。

例如，想勸導一名不良少年，很可能遭到反駁，此時，你不妨派他去說服另一個不良少年，亦即形成「職務實演教育訓練法」，使其更接近說服者的意見。如些一來，如果表演者徹底了解這個角色，即可搖身一變成爲幫助者，這就是人類有趣的地方。

某位作家因爲寫了一本歷史小說而一夕成名，自此之後，無論他走到何處，讀者都以書中的主角來稱呼他，而書中主角冷酷無情的表情，也成爲人們爭相模仿的對象。

△不可思議的外遇心理

只要你仔細觀察對弈棋士的表情，一定會發現很有趣的情形。有時候，他們會以銳利的眼光看著對方，或許他們是想從對方的表情，洞悉對方的想法吧！

有一次，作者和圍棋名人林海峰見面時，曾就這個問題向他請教，他告訴我說：

「這只是一種習慣而已。有些人將全付精神集中在棋盤時，會在不知不覺中自言自語或把玩著扇子。甚至有個九

段高手，只要他集中精神下棋，便會乾咳個不停。」

聽完林海峰所說的話後，我才了解，原來他們的動作是爲了消除緊張的一種無意識行爲。

心理學上，這是防禦手段的一種「對現實的逃避」，亦稱爲「對動作、行動的逃避」。例如，一個企業家在思考一個難以決定的個案時，會不知不覺的在辦公室走來走去。

對於一個有外遇的丈夫來說，他也會有類似的心理產生。例如，太太隨口對夜歸的丈夫說：「你今天怎麼這麼晚才回來。」他會立刻滔滔不絕的將公司發生的事情，一一地告訴太太，這即是心虛的緣故。

△不可思議的作客心理

有一位長年在外幫傭的女性，結婚後便回到鄉下。後來，她寫一封信告訴以前的主人，最近因有事北上，會帶一些土產送給他。主人也回信說：「歡迎前來，晚上我請妳吃飯。」

由於她了解主人家的飲食習慣，所以，她知道晚餐必定相當豐盛，於是，她抱著品嚐山珍海味的心理，來到主人家。

好不容易捱到晚餐的時間，然

而端出來的菜卻令她大失所望，但是她並不形於色。

吃完晚飯後，她本來想說「謝謝」的，最後卻只說「我吃飽了」。她這種現象，即是佛洛伊德所說的深層心理（depht psychology）中的錯誤行動。當一個人的不滿或煩惱不願意讓他人知道時，多半會隱藏在自己的內心深處。然而，如果慾求強烈卻又得不到滿足時，終究會以某種方式表露出來。

因此當她說：「吃飽了！」這句話時，即表示她對沒有嚐到山珍海味的不滿。

△以輕鬆的心情參賽

在某次棒球比賽中，被看好最具冠軍相的球隊，竟然初賽時便被淘汰了。相反地，一支沒沒無聞的球隊，最後竟不可思議地得到冠軍。

賽後，該隊敎練告訴記者說：「作夢也沒有想到會得冠軍，我只是想讓他們多吸取一些比賽經驗而已，沒想到竟意外的得到冠軍。」

這正是心理學上「下位目標」的應用。假如我們一開始便將目標訂的很高，心理即會產生沈重的負擔，而變得畏縮不前，相反地，最初不要有一定要獲得冠軍的心理，或許反而會有意想不到的好成績。

而一旦初賽獲得勝利後，全隊自然會興起全力以赴的鬥志，順利贏得冠軍杯。本來以爲穩得冠軍的球隊，即因缺乏「下位目標」的意識，才會因負擔太重而慘遭滑鐵盧。

△不可思議的虐待心理

有一位在影迷面前相當和藹可親的影星，私底下卻讓他的經紀人叫苦連天，因爲該明星只要一到了後台，便會表露出暴君的樣子，令經紀人難以忍受。所以，他每隔三個月便要更換一位經紀人。

這位著名的影視紅星深深地了解，觀衆才是決定他身價地位的人物，所以他會在影迷面前表現出一付平易近人的模樣，即使影迷對他冷嘲熱諷，他也逆來順受。

若受影迷奚落，他往往便將一切的怨氣發洩在經紀人身上，這等於是一種防禦性的攻擊。但正因爲他是一位平凡的人，因此，才會將怒氣轉移到可讓他發洩的人身上。

△不可思議的心虛表現

『可倫坡警探』是作者最喜歡的影集之一，該劇是敍述可倫坡警長的辦案方法，他的破案技巧，常常讓那些心理學者自嘆弗如。

他在詢問案情時，都先表現出非常信任嫌犯的模樣，一等嫌犯放鬆警戒之後，即一針見血的說出關鍵性問題，此種做法經常使嫌犯無所遁形而俯首認罪。

作者曾做過一種「膽量測試」，亦即，事先不告訴對方正在進行膽量測試，讓他獨自在一條陰暗的街道行走，然後，讓一個身穿黑衣，將帽沿壓低的人迎面走來。此時，受試者的心中多少有一點害怕。最後，一身黑衣打扮的人終於和他擦身而過。但是，當這位黑衣人突然大喝「站住」時，受試者往往會嚇得膽顫心驚。

無論是接受可倫坡警長的詢問或黑衣人迎面走來，只要自己的心中產生危險的警覺時，任何人的心裡都會有某些準備。但是，一旦脫離這種危機後，心裡便會呈現鬆懈的狀態，此種情形稱爲「緊張消除」。而這一瞬間，也是人類心理最脆弱的時候。

據說，海關人員經常利用人類這個弱點，破獲許多不法行爲。亦即，海關人員會先讓那些企圖闖關的人，誤以爲安全過關了，然後，再出其不意的將他叫回，此時，企圖闖關的人，往往會因心虛而說出一切。

△不可思議的晚婚現象

作者好友的兒子，今年考上一所知名的私立大學，他的媽媽非常高興，但是，我的好友卻一付毫不在乎的樣子。原來，他自己畢業於一流的國立大學，所以，他衷心希望自己的兒子也能上同一所大學。

一般而言，父親對於孩子的實力，比較能以客觀的態度來判斷，而母親往往對孩子抱很大的期望。假如雙親中的一方是畢業於一流的學校，期望孩子也能考上同一水準學校的傾向會更加強烈。一旦孩子不能如其所願時，心中便無法釋懷。

換言之，事情的成功或失敗，端視其個人的「要求水準」如何，才能決定心理效果的影響。例如，一個把考試目標訂在一百分的人，如果他只考七十分，心中便有失敗的挫折感；相反地，對於將目標訂在六十分的人而言，便會有成功的勝利感。

其次，以婚姻來說，某些「要求」往往會決定一件婚事的成功與否。例如，一位才貌雙全的女性，竟然沒有一次相親成功，追根究底的原因是，她的雙親要求太高了。

以這位女孩子而言，正因爲她本身的條件不錯，所以在眼高於頂的情況下，才會遲遲找不到合乎她「要求」的結婚對象。

△不可思議的英雄崇拜心理

「除強扶弱」的正義之士，無論在那一個時代，都會受到大家的支持與尊敬。然而在目前的現實社會，這類的正義之士漸消聲匿跡，大家只有從電影或電視，尋求專爲弱者打抱不平的英雄人物。

最近，許多英雄式的電影，都締造了高票房的紀錄，由此可知，人們對英雄的崇拜。當觀衆看到電影中的主角，爲除暴安良而出生入死時，往往會忍不住爲他喝采。看到他爲完成上級所交付的任務，不得不和心愛的女友別離時，也會爲他傷心掉淚。觀衆的情緒隨著主角的喜、怒、哀、樂而起伏。

因此，無論是電影或小說，只要能讓觀衆與讀者全心投入自己的感情，便告成功。

據說，有許多觀衆在看完英雄式的電影之後，通常會將自己幻想爲劇中那位追緝壞蛋的英雄，這種心理實在令人覺得非常不可思議。

△不可思議的反抗心理

任職於某公司的A小姐，雖然B先生不停地追求她，但總是無意和他結婚。A小姐並不是討厭他，只因擔心將來的生活問題，始終無法下定決心。後來，A小姐決定和父母商量。但是，當爸媽對她說：「B先生並不是妳理想的終生伴侶，如果妳嫁給他，將來可能會吃苦受罪，還不如早一點分手吧！」A小姐突然對父母產生很大的反感，於是不顧父母的反對，和B先生結婚了。

結果，正如A小姐的父母所說的，B先生並不是一位理想的丈夫，但是，後悔已經來不及了。此時，A小姐的心中想，如果當時父母答應她和B先生結婚，今天又會變成什麼情形呢？或許她便不會因反抗的心理而嫁給B先生了！

△不好意思的心理

在某餐廳工作的Y小姐，知道王經理非常喜歡在卡拉OK高歌一曲。然而，如果你在他微醉的情形下要求他唱歌，他一定會以「今天喉嚨痛」或「今天不想唱」藉口拒絕。

一般人只要聽王經理這麼說以後，多半不會繼續勉強他唱歌，以免他不高興的結帳離去。但是Y小姐大學時代曾修過心理學，她知道王經理並不是不想唱，只是怕自己唱的不好或不對，而下不了台。

於是，Y小姐表示王經理的歌聲相當低沈好聽，並不遜於時下的一流歌星，王經理聽完Y小姐的讚美後，終於興高采烈的上台唱歌了。

△撿到東西的心理

前幾天，我將撿到皮夾的事情說給朋友聽，結果朋友笑我說：「你的下意識希望撿到錢，所以才會一直低頭看著地面。」雖然這種玩笑相當不禮貌，但他卻說中人類的心理。

換言之，如果我沒有想撿皮夾的心理，則即使我低著頭走路，也會因爲想其他的事情，而不會發現皮夾的存在。

曾經有一個人，外出後才發覺自己忘了帶傘，結果發現上班的途中，竟然有許多賣雨具的商店，這是他以前沒有注意到的，這使得他相當驚訝。

人類的眼睛和照像機不同。即使面對著同一件事物，也會因當時的慾求不同，有時候看得見，有時候看不見，甚至於色彩或形態也會產生微妙的變化。

同樣的道理，一個人饑餓時，對任何食物的味道都會變得特別敏感，也會覺得特別好吃，相信很多人都有這種經驗吧！此外，知覺會以當時的慾求程度，來決定它的敏感度。所以，當我們在報上看到和自己同名同姓的人時，眼光往往會變得特別敏銳。

即使是空皮包，也不會從空中落下來

關於這點，美國曾做過一個非常有趣的實驗。亦即，讓小孩看著金額不同的貨幣，然後比較在他印象中與實際貨幣的大小，結果發現，金額大的貨幣，在他腦海中的影像，遠比實際上的大。而且，低所得階層的人，這種傾向更加顯著。

由這種意義上來說，人類的眼睛是誠實的，心裡愈想要的東西，看起來會特別大，而不想要的東西，則看起來比較小。

△戒煙的絶招

有一位老煙槍很想戒煙，但戒了多次都沒有成功。最初，他引用某位名人所說的「沒有比戒煙更簡單的事，因爲我已經戒了四十多次」，最後還是失敗了。

相信許多想戒煙的人，都有相同的失敗經驗。當下定決心戒煙後，他的身上便沒有香煙與打火機，然而，一旦想抽煙而周圍又沒有煙時，此時的煙癮會變得更加濃厚，終於導致失敗的結果。

後來，他認爲用一般的方法根本無法使他戒煙，所以，他想出一個別出心裁的方法。亦即，他在家中的每一個角落，書房、客廳、臥室與廁所等處，都放置香煙，如此一來，想抽煙時即垂手可得。這樣經過一陣子之後，由於家中到處彌漫著煙味，他反而提不起興趣抽煙了。

乍看之下，這似乎是一種自暴自棄的做法，但從心理學上分析，這是一種「逆療法」。雖然自己處於戒煙的狀態，但還是有抽煙的念頭，這是「負面的自我暗示」造成的，所以，他採用心理學上所說的「負面強化」的作用，終於使自己脫離「負面的自我暗示」，成功地達到戒煙的目的。

讓失敗的意識徹底深植心中，然後再從失敗脫離的「負面強化」的做法，的確值得提供給希望戒煙的人參考。此外，這種做法也適用於經常留戀風月場所的人。

△意外的失敗原因

打高爾夫球是一種耗費智力的運動。一般人在打高爾夫球之前，都會事先想好如何揮桿，但是等到實際上場時，反而會失去冷靜的思考。

平時，我的球技並不十分出色，但是，有時候甚至可以一桿把球打上果嶺。假如，昨天最後一洞打博蒂的話，那麼就是我打高爾夫球以來，最好的一次成績。

在期待獲得好成績的心理之下，我謹愼地把球擊出去，沒想到竟然把球打到禁區。當然，得到好成績的希望也落空了。

事後，我檢討失敗的原因，或許是因爲我求好心切下的壓力太重，才會導致「逆轉現象」。所以，我認爲無論做任何事，最好能抱著輕鬆的心理來進行。

△好選手不一定適合當教練

「好的選手，不一定是好的教練」，這句話對棒球而言，的確是相當適合。尤其是美國職業棒球隊的教練，許多人在自己當選手的時代，通常沒有良好的成績表現，但是自從擔任教練後，卻使得他帶領的球隊經常獲勝。難道明星選手眞的不適合當教練嗎？

依據美國心理學家李比德與懷特的研究指出，由獨斷專制的「專制型領導者」帶領的團體，成員容易表現出「I（自我）」，而由崇尚平等主義的「民主型領導者」帶領的人，比較能聽到「WE（我們）」這兩個字。

在容易出現「I」的集團中，大家很難產生共通的同伴意識，因此，一旦他們陷入危機時，往往不能發揮互助合作的精神。

棒球是一種注重團隊精神的運動，只有全體球員下定奪得冠軍的決心全力以赴，才可能成功。此外，指導者的資質，也是決定這個團隊個性的主要關鍵。

△不可思議的心態

在A社區居住十多年的某戶人家，最近，終於如願以償的在郊區買了一棟別墅。而且，決定在一星期後搬到新家。

當他們決定搬家後，一家人的行動突然變得非常奇怪。本來會和鄰居閒話家常的主人，現在看到熟人，卻是一付不理不睬的樣子。而平時會先將垃圾分類，然後才拿出去倒掉的女主人，現在也不這麼做了。同時，他們原本相當熱心參與的社區集會，也不再出席了。

於是，鄰居們在背地裡議論紛紛：「買了新房子有什麼好神氣的，哼！或許以前的熱心都是裝出來的。」

難道他們眞的戴了一付假面具，在A社區生活十幾年嗎？不是的，他們只是認爲搬家後，一切都會和A社區脫離關係，所以才會變得如此。

對於人類心理相當了解的美軍精神科醫生，最近正在硏究一種可以避免更換領導者產生混亂的方法。這個方法相當簡單，亦即在交接之前，由前任領導者嚴格加強對自己部屬的訓練。

假如領導者知道自己要調職的消息後，即放鬆對部屬的監督責任，甚至以平等的心理來對待他們，如此一來，這個團體的秩序必然會在瞬間崩潰。因此，如果要使他們維持秩序，必須實行嚴格的訓練。

△不可思議的等待心理

目前，使用電話的人相當普遍。而且，利用電話來追求女孩子，更有一份親切感。然而我們的上一代總是認爲，利用電話追求女性不容易成功，最好的方法還是寫情書。這兩種方法，究竟何者較能奏效呢？

在電話尚未普及的時代，曾經有人利用它，成功地追求到自己心儀已久的女孩子。他的方法是，每天打一通電話（公共電話）給她。

最初，這位女孩子並不注意他，而且總是拒絕他的約會。後來，他便改變作戰方法，利用電話來追求她。同時，他打電話的方法相當特別，他每天都在同一個時間打電話給她，並且只要三分鐘一到，便將電話掛斷。沒想到這個方法相當有效，起先不願意接電話的她，十天後竟然答應和他約會了。

中國有句俗語說：「見面三分情。」這句話即表示，我們對見面的人比較容易產生親切感。也就是說，決定親密感的比例，並不在於接觸時間的長短，而是在於接觸次數的多寡。與其見面次數少而時間長，不如見面次數多而時間短。

以本文的例子來說，如果男孩子硬邀女孩子出去，可能只有一次便無下文了，但是打電話的時間雖然短，卻會因為每天的接觸，使女方產生親切感。

△莫名其妙的心理

A先生自認是一個非常熱情的人，他與同事C先生，同時喜歡上B小姐。爲贏得B小姐的芳心，彼此競爭的非常激烈，最後，A君終於和B小姐訂婚了。

此時，A君的心中相當得意，認爲C先生簡直不自量力，竟然敢和他爭B小姐。但是過了不久，他突然有「仔細的想，她並不是自己理想的伴侶，如果必須和她度過一生，實在令人無法忍受」的後悔念頭。A先生所以會有這種想法，是征服欲與獲得欲無法一致造成的。

類似這種傾向，在小孩子的世界尤其明顯。例如，有兩個小孩一起玩火柴盒小汽車，當其中一人伸手去拿放在地板上的小汽車時，另外一人也會伸手去搶，但是，當他搶到後不久，便又把小汽車還給對方了。

△不可思議的制服效果

有一位女孩子，平時在家都不幫忙做家事，然而，她一旦穿上護士的制服後，便會細心的照顧病人，使父母感到非常的驚訝。

R・D・詹森與L・L・達寧格，曾讓六十名女學生，分別穿上代表殘暴的三K黨與護士的制服，然後提出問題，如果答錯的人，必須選擇一個觸電的電鈕。

由實驗的結果發現，穿著護士制服的女學生，會選擇觸電程度輕微的電鈕，而穿著三K黨制服的女孩，則會選擇觸電程度強的。也就是說，原本非常可愛的女學生，她們會因制服的不同，而扮演天使或魔鬼的角色。這種現象在心理學上稱爲「制服效果」。由此可知，服裝可以改變一個人的性格。

假如南丁格爾沒有穿著白衣的話，或許她就不會被稱爲天使了。

△夫婦的爭吵心理

俗語說：「清官難斷家務事。」由此可知，夫婦之間的爭吵，即使包青天再世，也難斷定孰是孰非。所以聰明的人，最好不要去管別人的家務事，以免變成豬八戒照鏡子，裡外不是人。

以心理學的立場而言，與其冷戰，不如熱戰。如果夫婦爭吵時，寧可將碗盤砸碎或雙方拳打脚踢，也不要保持沈默。

有些夫妻爭吵時的情形，往往讓旁觀者看得膽顫心驚，認爲離婚對他們而言，只是遲早的問題而已。但結果經常出人意料之外，亦即

，他們平時的感情竟然是如膠似漆。

由於我們只是一個平凡的人，所以，情緒難免有高、低潮，因此，如果你（妳）對配偶產生不滿時，最好能夠發洩出來（但以不傷害對方爲主），以免不滿的情緒達到飽和點時，造成一道無法橫越的深溝。

將不滿情緒發洩出來的情形，在心理學上稱爲「淨化作用」，這種淨化作用是消除不滿的最佳手法。一對經常爭吵的夫妻，就好像是快鍋的安全蓋，它可以降低壓力，避免發生危險（離婚）。

要注意的是，爭吵後雙方必須平心靜氣地檢討爭吵的癥結所在，而不是毫無目的的漫罵。

△媽媽對嬰兒的哭聲特別敏感

某夜，醫生夫婦和嬰兒（與父母同睡一房）都就寢了。突然，鈴聲大作，醫生被患者打來的電話給吵醒，而一旁的妻子仍然睡得很熟。過了不久，床邊的嬰兒哭了起來，此時醒來的是媽媽，爸爸反而睡的很沈。

由這個有趣的現象來看，人類的知覺從某方面來說，的確是不同的。人類的知覺會以客觀的態度，將外界的情報傳給你，然而在無意識的情況下，會有某種大幅度的取捨選擇。

當我們播放錄音機錄下的人聲時，經常會雜有車輛或狗的吠叫聲，這點的確令人感到非常驚訝。此外，當別人在說對自己不利的話時，聽覺也會變得比較遲鈍，或許這就是前面所說的，知覺充分發揮了選擇性。

第二章　意外的人性心理

△同仇敵愾的心理

某對知名的銀色夫妻，本來婚姻已經亮起了紅燈，但在報章雜誌大肆渲染之後，反而消除他們離婚的危機。

這對夫妻感情破裂，甚至演變成彼此都不願看到對方，但是因爲記者和影迷都存著看熱鬧的心理，於是，他們才採取共同戰線，對付相同的敵人。一般而言，無論是公司中的同事或家庭的夫婦，只要外來的壓力會破壞自己的組織時，通常會更加團結來鞏固內部的基礎。

美國的華倫·藍巴德等人，曾進行一個相當聞名的實驗，亦即，分別在數名猶太教徒與基督教徒的手臂上固定一個血壓計，然後測試他們對壓力的忍耐程度。

第一次測試的結果，大家都旗鼓相當，第二次測試時，華倫在幾個人的耳邊小聲說：「你們的忍耐力遠比異教徒遜色。」之後，大家對壓力帶來的痛苦比第一次更能忍受。

這種情形即是爲了保護宗教名譽，才會讓他們產生必須強過對方的意識。而前文所說的夫妻，也是在這種心理下，共同攜手抵抗外敵。

目前社會上，這種例子實在多的不勝枚舉，例如，本來因爲飼養寵物而反目成仇的鄰居，一旦社區內發生影響到大衆利益的事情，他們即會拋開私怨，聯手爲共同利益而奮戰。

△不可思議的悲痛心理

丈夫出差時，他的課長突然去世，於是，妻子便代替他參加追悼會。但是，她從來沒有見過該課長，也不認識他的家人。

她原打算上完香之後便回家。然而，當她看到課長的妻子和小孩撫棺痛哭時，也忍不住地掉下眼淚，同時，內心也湧出一股莫名的悲哀。

看到這種情形的課長太太，感動的邊哭邊把丈夫生前的事情說給她聽。當她回家之後，對於自己爲什麼會那樣傷

心，而覺得不可思議。人類是因爲悲傷，才會流眼淚，但是，這位太太並非因課長的死而感到悲傷，爲什麼她會流眼淚呢？

難道她的淚腺比其他人發達嗎？依據美國心理學家威廉·詹姆斯，與丹麥的病理學家雷格的研究指出，人並不是因爲悲傷而哭泣，而是因爲哭才感到悲傷。不過他們這種說法，仍然有很多人不表贊同。

但是從實際上來說，一個人愈哭會愈傷心，而愈笑會覺得愈好笑。因此，人類的感情會因哭、笑而加強，這點是無庸置疑的。

△錯覺

在經濟高度成長的現代，汽車、冷氣機與電視機都相當的受歡迎。據說，某國的黑社會人士所最嚮往的是，理平頭，穿直條紋的西裝，以及開賓士的轎車。因此，只要有前面所說的這種人出現時，你最好敬鬼神而遠之，以免遭受無妄之災。

前面所說的三種，都和自我的發展有關。亦即，無論是髮型、衣服或轎車，都是爲提高自我的一種手段。走起路來大搖大擺的黑社會老大，膽量或許很

小也不一定。

在心理學上來說，最常使用的是「錯覺」這兩個字。錯覺可以讓人把原本不相同的東西，誤以爲相似。例如，直條紋和橫條紋可以讓人產生不同的錯覺，穿著直條紋的衣服，看起來會比較肥胖，而穿上橫條紋的衣服，則令人有修長的感覺。此外，你若想表現一付相當威嚴的樣子，不妨穿著直條紋的西裝。

不過，並非所有穿直條紋西裝的人，都是黑社會的老大或者是唯利是圖的政客。畢竟衣服總歸是衣服，它並不能隱藏一個人的本性。但是，想讓自己看起來比較苗條的女孩，最好避免穿直條紋的衣服。

△迷路的原因

當某地舉辦市運會時，作者曾應繳參加有關會場設計的集會。當時，除我之外，還有許多的心理學家，大家一起討論國立競技場周圍的地圖問題，但是，竟然沒有一個人能提出理想的計畫。正在此時，我突然靈機一動，請主辦單位將地圖倒掛。沒想到地圖才剛掛好，「太好了」的聲音已經此起彼落。

原本，這幅地圖是按照一般的掛法，亦即朝北而掛，如此一來，火車站即位於地圖的上方，使得正面看不到馬路，導致一種不確實的感覺。但是當地圖倒掛之後，感覺就和實際一致了。

當我們在描述心理現象時，總會和現實之間產生很大的差別。這也是爲什麼已經去過多次的地方，如果換個方向行走，便會迷路的理由。

△開夜車的效果不彰

以前的考生很流行說一句話，那就是「四上五落」。所謂「四上五落」是說，每天只睡四小時，其餘的時間用來讀書的考生便會上榜，如果是睡五小時的人，則會名落孫山。

然而，每個人對事情的集中力都略有差異，作者爲反駁這種說法，所以寫了一本『用功術』，頗受考生的好評。同時，這本書也幫助那些被認爲不可能上榜的考生金榜題名。

作者在這本書中所強調的是，該睡的時候要睡，該玩的時候要玩，而該用功的時候要用功，並無特殊的讀書訣竅。因爲從記憶的結構上來說，假如睡眠的時間不夠充分，便無法提高學習的效果。

依心理學家傑金斯的說法，學習後最好去睡，因爲入睡後的兩小時，記憶力雖然會減少，但以後便不會再減少。相反地，如果不睡，即使經過八小時，記憶力仍然會繼續減少。換言之，一直保持清醒的狀態，則不必要的新情報也會不斷地輸入腦中，而將重要的記憶洗掉。所以熬夜對記憶來說，只會得到反效果。

△避不見面的心理

在第二次世界大戰期間，被派往東南亞的日軍橫井和小野田，後來竟然奇蹟式的生還。然而，以前和他們是親密戰友的人，對於他們的回國，絲毫沒有高興的表示。於是有人認爲，他們是一群毫無感情的人。這是不懂戰爭的人，才會說出這種話。

當一個人置身於戰爭的極限狀況下，他所產生的精神狀態，處在和平時期的人們是無法想像的。因爲他們根本不願意去回想戰場上的一切。

一般而言，禍福共享的朋友，通常會成爲至交。但是，如果不愉快的記憶比較強烈時，便不會想和勾起他痛苦回憶的人見面。

以前，我曾看過一部描寫奧斯威辛集中營的影片，結果看到了相同的心理。亦即，許多幸運的生還者，通常不願意談戰爭時的遭遇，即使說了，也是輕描淡寫的。

此外，有些高中生在畢業後，不想和當時的好朋友見面，也是基於同樣的心理。

在心理學上，這種心理結構稱爲「不快經驗的抑壓」或「弗洛依德式的忘卻」。想長期維持

不快的記憶，對任何人而言，均是不容易的。因爲每個人都希望儘快忘掉那些不愉快的事情，但是事實上，愈不愉快的記憶，愈不容易忘掉。

△不可思議的吃醋心理

我以前的學生A君，今天前來看我，結果才一見面，他就對我說：「我眞摸不透女人。」A君是一個非常純情的人，沒想到現在已經有了女朋友。

A君說：「有一天晚上，我終於約B小姐出去玩，直到我們吃飯之前，她都非常高興，但是沒多久，她就變得不對勁了。」原來，A君在無意之間，一直誇讚友人的女朋友，說她是如何的美麗、可人，所以，B小姐才氣得說要回家。然而，這種吃醋的心理，並非僅限於女性。

無論是誰，如果自己的伴侶當著自己的面誇獎情敵，心中都會產生不悅的感覺。因爲自己等於受到間接的貶低，這種情形尤以女性更爲明顯。因此，B小姐才會不高興。相反地，如果自己的情敵受到批評，等於是間接的誇獎自己。

假如A君改說：「某小姐雖然很美，但她並不聰明」或「她的相貌平平」。相信B小姐便不會那麼生氣了，或許還會感覺高興。

當我說完之後，A君立刻表現出一付恍然大悟的樣子說：「對呀！從心理學來說，這屬於

一種『沈默的強化』，當時我怎麼沒想到呢？」

於是，我告訴A君，懂得運用的知識，才能成爲眞正的知識。所以，A君想摸透女人的心理，恐怕還需要一段很長的時間。

△推銷員的說話技巧

作者有一位朋友曾表示，等他那輛老爺車再跑十五萬公里，才考慮換新車。但是前幾天，他告訴我已買了一輛新車。他說：「我被迫買了一輛新車，因爲我那部老爺車，最近經常拋錨，但最主要的原因是，受到那位汽車推銷員的熱心推銷所致。」

作者心想，該推銷員一定是一位擅於推銷的老手，我的朋友卻說，這位推銷員不但沒有高明的說話技巧，甚至有點口齒不清。

大多數的人，當汽車推銷員上門時，總是會說：「我的車子還可以開一段時間。」此時

，推銷員也會說：「但是，車子開的太久，折舊率很低。」並且一直強調你必須買新車。然而，我朋友所說的這位推銷員，無論顧客說什麼，他總是附和著說：「是啊！你說得很有道理。」我的朋友即在這種情況下，不知不覺的簽下購車的合約書。

使用心理療法的醫生，最常利用的方法是「接受」（acceptance）的技術。這是一種儘量讓對方有說話機會的方法。例如，與對方交談時，多說「喔！原來如此」、「嗯，對呀！」與「以後呢？」這一類的話，不要去和對方強辯。

賣汽車給我朋友的推銷員即屬此類，他盡量讓我的朋友發言，使其能夠得到自我的滿足，然後再讓顧客下定「買」的決心。這類的推銷員比那些自作聰明的推銷員，更能成爲好的「心理學家」。

我是不得已的

△挪用巨額公款的人

曾經有人說：「只要看被挪用的金額數目，即可判定此人是男，是女？」「金額在二、三百萬的，盜用者多半是男性；如果挪用公款的數目高達一、二千萬，則此人必定是女性。」

乍聽之下，這種說法或許太過武斷，但是，讀者不妨回想一下曾經發生過的案件，即可了解這種說法和事實大致符合，只有少數的例外。

前些日子，即破獲一位女性挪用巨額公款，相信大家仍然記憶猶新吧！當案發之後，許多人都異口同聲的說：「被盜領的金額這麼龐大，難道事先都沒有人察覺？」其實並非沒有人察覺，只是找不到證據罷了！

R・V・艾克斯萊因等學者曾做一項實驗，亦即讓數位男性與女性進行一對一的交談，當他們接到「隱瞞事實」的指示後，本來一直看著對方的時間，男性會從六六・八％下降到六〇・八％；相反地，女性會上升到六九％。這表示女性在說謊的時候，較能坦然的看著對方的臉。

由這種實驗的結果來看，「做壞事的人，眼睛不敢注視他人的臉」這句話，對女性而言是不適用的。所以，她們才能挪用公款，而不被發覺。

△表示愛慕的心理

無法說出「我愛妳」！

有一位著名的花花公子，不知道爲什麼，突然愛上公司的女同事。這位女孩長得並不漂亮，也沒有特殊的才華，唯一的優點是溫柔體貼。或許這位花花公子，即被她這項優點所吸引吧！

雖然這位花花公子已經愛上這名女同事，但他始終鼓不起勇氣對她表示愛慕之意。爲什麼曾經和無數美女交往的他，竟不敢對一位平凡的女孩說「我愛妳」呢？

當然，一個人心中眞正喜歡某個人

時，反而會變得害羞，可能連平常的言行習慣，也會因此失常。

例如，一位擅於演唱地方小調的歌星，當她被誇獎以後，卻突然無法將小調唱好。這種現象和前面所說的例子，都是因爲「意識化」造成的。換言之，某種意識會使原本高高在上的人，變成一位平凡的人。

△預防遲到的方法

我自認非常了解人類的心理，但我也是一個人，所以從心理學的法則來說，我對人類仍然了解的不夠透澈。有一次，我應ＩＢＭ的邀請前往演講，奇怪的是，對方竟然把演講的時間訂在一點十三分到二點五十六分。

到了當天，我因爲怕趕不上演講的時間，所以在十二點以前便出門，結果比預定時間提早三十分鐘抵達會場。此外值得一提的是，竟然沒有一個員工（聽衆）遲到。

這完全是「數字的零數效果」發揮作用。本來，演講時間並沒有硬性規定，一定要在十點或幾點整。如果把時間改爲一點五分或十點十分，相信可以提高大家時間意識，進而在開會之前抵達現場。

△新居落成眞的會死人嗎

最近，我遇到一位剛喪母的友人，他用一種非常懊悔的表情對我說：「當初，我如果不蓋新房子的話該有多好，因爲我媽媽在此之前，身體都一直很健康。」（有些地方傳說，蓋新房，家中容易有人死亡。）他的母親眞是因爲新屋落成才死亡的嗎？

人類到某個階段後，死亡率有提高的傾向。依據社會學家廸比多・菲力浦的調查，人類在接近生日或贖罪日時，死亡率會降低，但是過了這些日子以後，死亡率即會增加。

菲力浦將資料分析後，發表「死是一種社會行動的形態」的假設，從心理學來說，這種說法可以得到印證。

於是，我安慰友人說：「妳媽媽並不是因爲妳蓋新房子才去世的，而是她爲了看到新屋落成，所以才能活到現在。」即將瀕臨死亡的人，如果心中有某種期待時，往往能夠靠著這股意志，活到願望實現爲止。

△忠實的丈夫竟然有外遇

A先生是一位企業家，也是大家公認的標準丈夫。即使有人邀請他打高爾夫球，他也會以「今天是我太太的生日」爲由，加以拒絕。參加應酬時，也會告訴其他人，要早一點回家陪太太。此外，出外旅行時，也不會忘記買禮物送給太太。

因此，有的朋友經常取笑他是一個「懼內」的人。總而言之，只要是認識A先生的人，一定會說他是一個標準丈夫。

但是，在一次偶然的機會中，A先生金屋藏嬌的事情曝光了。他不僅和這個女人同居十年，而且對方也替他生下了一個兒子。

周圍的人知道這個消息後，都不禁啞然失笑。因爲大家都沒有想到，這樣一個忠實的丈夫，竟然會有外遇。同時，A先生自從戀情曝光後，對太太的態度也一百八十度的大轉變。

相信很多人都無法了解A先生的心理，但我們只要從另一個角度來看，即可明瞭。亦即，A先生是因爲有了外遇，基於一種補償的心理，所以，才會表現出一付伉儷情深的樣子。

類似這種心理結構，心理學稱爲「反對形成」。這是人類爲掩飾自己的行爲，產生的一種動作。

在現代社會，外遇仍然是不被允許的，所以，大家應該時時警惕自己，避免製造家庭悲劇。

△獲得女性青睞的原因

當披頭四到日本巡迴演唱時，作者也應邀到會場協助主辦單位處理一些瑣事。由於工作的關係，作者一直面向觀衆席。此外，有一知名的已故作家，不知道爲什麼也一直背對著披頭四。

會場只有我們倆人是背對著舞台，在節目進行當中，我突然發現一個非常奇妙的現象。亦即，歌迷瘋狂的現象經常是固定在某個方向，有時候是右邊，有時候是中央。而這種現象與披頭四的視線有關，當披頭四的眼光投注在某一

個方向時，那個方向的觀衆即會瘋狂的喊叫。

這種現象在心理學稱爲「投射」。換言之，如果我們對某個人深深著迷的話，只要他的眼光稍爲移動，便有他正看著自己的感覺。

即使對方不是披頭四，只是你平時非常心儀的一位男性或女性，當你對他表示愛慕之意時，對方只要有一點小反應，你都可能認爲他也對你表現好感，於是採取更進一步的行動。此時，對方可能因爲你的殷勤而在不知不覺中喜歡上你。

因此，即使是一位其貌不揚的男性，只要他有勇氣向心儀的女性表示愛慕之意，仍然可能獲得對方的芳心。

△無法集中精神的原因

有一位職業棒球隊的王牌投手，在某場比賽中被派上場擔任後援投手，他當天投出的球，都非常輕易的讓對方擊中，使得敎練大為不解。於是將他叫來質問，結果他指著觀衆席說：「敎練，你是否看到最前排中央一位戴著太陽眼鏡的女孩。我只要看到她，便無法集中精神投球。」

現在我要說的，不是這位棒球選手，而是一位擅於推銷的業務員A先生。他在一個月前，開始與客戶談一筆大生意，今天是決定性的會談。最初，他們談的非常順利，A先生因為即將談妥一筆買賣，即輕鬆地翹起二郎腿，突然，他看到襪子上有一個小破洞，此後便無法專心交談，結果，這筆生意泡湯了。

相信很多人都有類似的經驗，例如，在上班時間突然想到早上太太交待的事還未辦妥，就會變得心不在焉，根本無法安心辦公。賓夕法尼亞大學醫學院的史考特博士認為：「為尚未完成的觀念或義務而感到緊張，是精神狀態趨於衰弱的第一步；但是否會變得神經衰弱，則是另外一回

事。」

假如心中有了牽掛，而這種雜念又無法消除時，處在這種情形下，工作效率是無法提高的。

△不可思議的習慣

A先生與B先生出差時住在同一間套房。到就寢時間時，B先生不停地翻箱倒櫃，看到這種情形的A先生問：「怎麼啦！你是不是掉了什麼東西？」但是對方回答說：「不是，我在找書。」A先生問道：「你是否帶了書呢？如果有的話，請借給我。因爲我每天睡覺前一定要看書。」A先生問道：「你要看那一類的書呢？」B先生回答說：「都可以。」因此，A先生將隨身攜帶的一本旅遊指南拿給B先生。而B先生接過書之後便上床了，但他連一頁都未看完就睡著了。

B先生似乎具有不把書拿到床上便睡不著的性格，至於他是否看書，則是另外一回事。內容是不是有趣，也毫無關係，因爲看書只是他上床前的一種「儀式」。

弗洛依德稱這種心理是「就眠儀式」，而這種現象可能是以前心理受到創傷所引起的。例如，有一名女性在新婚之夜受到女傭的嘲笑，當時她因爲氣憤，所以摔破一個花瓶。自此以後，她如果不摔破一個花瓶，晚上就睡不著，這即是奇妙的「就眠儀式」。

然而，這種情形有時候也和嚴重的心理創傷無關。在我們的日常生活中，除睡覺之外，還可以看見許多其他的「儀式」。例如，有些人到辦公室後，一定先到盥洗室整理儀容，否則便無法安心工作。這種做法即是利用「儀式」的效果，使自己能夠集中精神工作。

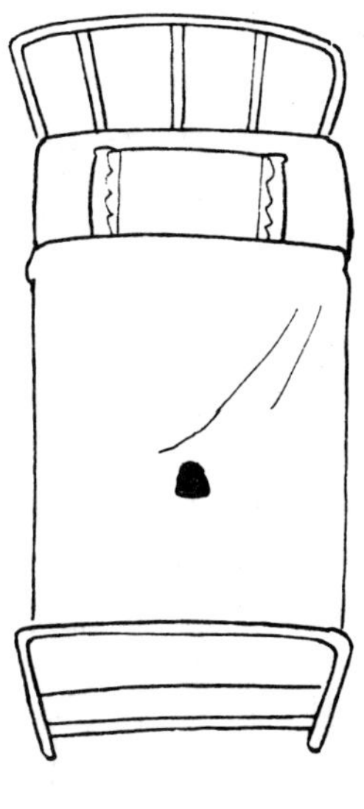

△不可思議的預知能力

我有一個打高爾夫球的同伴，他經常以開玩笑的口吻對我說：「每一次，我心中只要出現打OB的念頭，就眞的會擊出OB，或許我有預知未來的能力。」

雖然他是以開玩笑的口氣在說，但「預知能力」是實際存在的。例如，以爲自己會揮桿落空，眞的就揮桿落空，以爲會把球擊進池塘，結果眞的把球打入池塘，這種心理現象，幾乎是每個人都有的自我暗示。換言之，心裡有「或許會出現OB」的意識，實際上即會引起打OB的肌肉運動。

美國心理學家W・C・雷克斯博士，曾經以住在貧民區的兩組六年級學生做爲實驗對象，其中一組是公認的優秀學生，另一組則是問題學生。經過五年的追踪調查，這些小學生也成長到青少年，被認爲是優秀學生的這一組，沒有出過任何問題；而被歸類爲問題學生的這一組，其中的39％平均上過三次的警察局。

當雷克斯博士和這些問題學生面談時，沒想到他們的回答竟然都是，「反正自己一輩子都會

心中害怕擊出OB，結果真的打了OB

和警察結下不解之緣」，顯示，他們有「自己是問題人物」這種強烈的自我暗示。於是，每個人便按自己這種預知的路線來行走。

因此，一個人如何使用這種「預知能力」，結果是截然不同的。當你預知自己會擊出好球時，或許眞的能擊出「博蒂」。

△不滿的因素

某個社區，在假日舉辦自強活動，經過大家開會討論的結果，終於決定了行程與日期。但是，當主辦單位將行程表送交參加旅遊的人時，許多沒有參加開會的人，都不約而同的對行程表示不滿。

看到這種情形的主辦人，不禁生氣的說：「既然大家的意見這麼多，為什麼不去參加開會？等別人決定之後，卻又表示反對意見，那乾脆由你主辦好了。」

後來，經由衆人的調解，才決定仍依原計劃出發。但是，原本相當愉快的旅行，也因此弄得大家不歡而散。

某輿論科學協會曾舉行一種集體行動的開發實驗，在赤痢正流行時，將某大學的女學生分為兩組來進行實驗，其中一組是參加有關「為防止赤痢蔓延，請養成洗手習慣」的講習會；另一組則是由大家來探討如何防止赤痢蔓延的方法，並接受正確洗手方法的指導。

結果發現，參加講習會的這組學生，她們養成洗手習慣的比例，遠不及開討論會的這組學生生。

有些人雖然會持激烈的反對意見，但只要他也參加討論的話，則比較能接受大家的決定。相反地，即使沒有什麼反對意見，但因自己沒有參加討論，仍然很難輕易接受別人下的結論。因此，假如你想使自己的計劃順利進行，不妨利用前文所說的「參加的效果」。

△不受重視的原因

義大利有一部相當著名的電影『道』，男主角是一位街頭的賣藝者，對待他的女助手相當苛刻，後來又殺死一位非常愛慕她的男人，結果，女助手在絕望之餘，終於棄他而去。

經過數年後，男主角變得年老力衰，當他流浪到某地，聽到當年女助手的死訊後，不禁嚎啕大哭。

當我們在一個毫無變化，也沒有任何意識的水面投下一粒小石頭時，即會產生意識的波紋。如此一來，以前看不

到的事情，現在看到了，而從前無法體會的感覺，現在也領悟了。

這種現象即是「意識焦點化」，在『道』這部電影中，男主角因爲女助手的死，才頓悟她對自己的重要性，也因此發現自己對她的感情。

在我們現實的生活當中，雖然很少有像『道』這種充滿戲劇性的故事，但是，一旦自己毫不在乎的女朋友和別人訂婚時，會突然認爲她對自己非常重要。此外，一對平常不在意對方的夫婦，如果其中一人因病住院時，另一個人的心理即會產生空虛、寂寞，也是這種心理造成的。

人都不太重視自己已經擁有的東西，等到失去後，才追悔莫及。

△分手的原因

現在社會有許多年輕男女，一旦陷入熱戀後，隨即閃電式的結婚。這種婚姻是相當危險的，因爲一旦彼此的魅力隨時間消失後，雙方可能因爲志趣不和或個性的差異，走上離婚一途。

爲什麼一瞬間燃燒起來的愛苗，就好像是夜空中的煙火，很快的便消失呢？

某位心理學家，曾就這個問題，做以下的實驗，亦即由四組人員來評論A君，然後調查A君對那一組的人最表好感。第一組，由始自終都一直誇獎A君。第二組，從頭到尾都否定A君。第三組，在最初的時候誇獎A君，最後則否定他的存在。第四組的現象正好相反，亦即剛開始否定A君的價值，到最後則表示支持。

結果發現，大部分的人都選擇第四組，而最受到大衆詬病的是第三組。

在學校的情形也一樣，每個學生受到以嚴峻出名的老師誇獎時，遠比受到好好先生的讚美還要高興。

雖然煙火絢麗耀眼，但它的光芒卻是短暫的，相反地，炭火雖然渺小，但它的光芒卻是持久的。

△不斷上當的理由

有人曾說：「海水或許有一天會乾涸，但社會上的詐欺行爲，則永無休止之日。」這句話聽起來，的確令人感慨萬千。爲什麼社會上有這麼多層出不窮的騙術，爲什麼報章雜誌再三呼籲，仍然有許多人上當呢？而且，這些受害者當中，有的不僅一次被騙而已。

每當報上刊載，因貪小便宜而吃虧上當的新聞後，很多人都知道，那是因爲貪心所造成的結果。但是，因爲每個人的心中都有慾望，才會不斷發生這種受騙的事件。

爲什麼有些人會將受騙的情形很快忘掉，而接二連三的上當呢？因爲大多數人在潛意識裡，都想儘快忘掉一些不愉快的事情。這種現象在心理學上稱爲「能動的忘却」，但是，一般人都有「過了喉嚨忘了熱」的心理。

第三章　驚異的人性心理

△無法獲勝的原因

在某國的高爾夫球界，曾經發生三件不可思議的事情。其一是，A君竟然在宿醉的情形下獲得冠軍；其二是，從來不曾打出好球的B君，卻在重要的比賽中贏得勝利；其三是，C、D、E君三人，曾經連續獲得兩週的勝利，但始終無法得到第三週的冠軍。

前面二者的情形，在生理學上，是指期待得到高爾夫球技術上的解說，但最後發生不可思議的現象，或許是心理學上的理由。例如，你今天打麻將的手氣很順，於是你在回家的途中心想：「我今天是眞的好運呢？還是會因爲贏太多錢，而不小心被車撞到？」反而會產生這種不安感。這種現象在心理學上，是屬於「無意識中對於罰的欲求」。美國的心理學家廸西達曾說：「每個人心中的快樂與罪惡感是同時存在的。」

連續兩週獲得勝利，像這種手氣順的情形，是不可能一直持續下去的，每個人的心中幾乎都有這種想法，所以，C、D、E君在這種意識作祟下，便無法得到第三週的勝利。

△說分手的最佳時機

有一個自認是花花公子的男人，非常喜歡追求女性。但每次追到手之後，不久就分手了。而且奇怪的是，和他交往過的女孩子，竟然都沒有怨言。因此，有人好奇的問他，究竟是用什麼方法來擺脫女孩子的糾纏，這位花花公子說，他每次和女孩子說分手的時間，一定是選在下雨天。

因爲下雨天時，每個人心中都會有憂鬱感，而且會失去積極性，甚至連活動力也會下降，所以經常處在被動的立場。這種現象，心理學上稱爲「活動力標準」的降低。

尤其女性在這方面的傾向更加強烈，因此，女性的心情往往會受到氣候的左右。所以，在下雨天時找一個寧靜的地方，先讓女性的心理保持平靜，然後說出分手的話，此時，女性的抵抗感會降低，而能順利達到分手的目的。反之，天氣晴朗時，一天都會充滿行動力，假如你在這時候提出分手的話，往往會受到很大的阻礙。

因此，自詡是花花公子型的人，一定要懂得人類的心理。

△追求女性的技巧

在職業棒球賽中，擊出再見安打或全壘打的，並不是在第三、四棒的強棒，而往往是被排在第九棒的投手打擊出來的。比賽後，當記者詢問他的感想時，他通常會說：「此刻，我比身爲勝利投手還要高興十倍。」

在日本以相撲聞名的橫綱，當他連續獲得數場勝利後，記者採訪他時，他一直表現出不易親近的樣子，但是，當記者問道：「橫綱先生，聽說你高爾夫球打得很好……」話還未說完，橫綱的

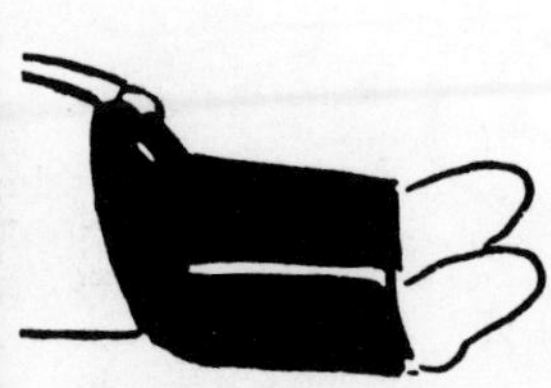

態度已經有了一百八十度的轉變。

此外，有一位自認是大衆情人的人曾說：「到目前爲止，我只有一個女人追求不到。」當然，她無論是容貌或身材都是一流的，追求她的男性，自然也不在少數。但是，她對所有的追求者，從來不假詞色。然而有一天，她的防線被一位相貌平庸的男性突破了，這位男士並不去讚美她的身材與容貌，而是誇獎她擁有高人一等的智慧，結果終於打動美人的芳心，不久便結婚了。

假如我們要讚美一個人，與其稱讚他已經受肯定的部分，不如誇獎他不太有自信的部分，如此一來，對方一定會感到特別的高興。

愛慕

△搶購的心理

每當政府發行紀念金幣時，總會造成一股搶購風潮。有些人為購得一枚紀念金幣，甚至漏夜在銀行門口大排長龍，眞是令人不可思議。

假如說，金幣是免費贈送的，則大排長龍的情形是可以理解的，但是，這些金幣是必須以現金兌換的，即使金幣可以成為一種資產，但每人只限購一枚，又能賺到多少利潤呢？然而，為什麼還是有那麼多人去搶購金幣呢？

由於搶購金幣的風潮，使我聯想到在美國曾經轟動一時的『火星人來襲』的廣播。當時，某人故意要播報員播報說：「美國現在正受到外星人的攻擊。」結果引起全美大恐慌。

為購得一枚金幣，漏夜在銀行門口大排長龍的民衆，他們的心理可以說是受到恐慌心理所致。

有兩位對流言蜚語相當有研究的專家，G・奧波德與L・波斯多曼，他們曾經公開發表「流言的強度與事情的重要性成正比例」的報告。

搶購金幣的人，或許是對政府的經濟產生不安，認為，假如物價指數上漲的話，擁有金幣可以減少一點財物上的損失。所以，大家才會一窩蜂的搶購金幣吧！

△臨時改變心意的原因

有許多喜歡賭賽馬或賽車的人，多半會在事前研究那匹馬或那部車子會獲勝，因爲這樣可以使他們享受到另一種的快樂。

我有一個朋友，他非常喜歡買馬票，每到星期日的晚上，除非有特殊的情況發生，他都會提早回家，搜集一些有關賽馬的消息，然後預測那匹馬會獲勝，同時決定要買幾號馬。然而到第二天，抵達賽馬場後，他竟然改變主意，並沒有買昨天決定的那匹馬。或許他是在前往賽馬場的途中，看到另外的預測資料，或是賽馬的檢查報告，才臨時決定改買另一匹馬的馬票吧！

美國的心理學家N・H・安德遜，曾以某案件爲題材，進行模擬裁判，得到以下有趣的實驗結果。亦即讓十二位檢察官與辯護律師，各提出內容長短不一的書面證言報告。首先，雙方交互提出兩份證言讓陪審團看，結果，陪審團對最後提出證言的這一方，給予較爲有利的判決。

其次，讓某一方連續提出六份的證言報告，再讓另一方提出證言報告，同樣地，最後提出報告的這一方，也得到比較有利的判決。

無論是前文提到的馬票或這種模擬裁判的結果，都是心理學上的一種「新近效果」。

也就是說，人類從不同的情報來源得到各種情報之後，對於情報的判斷，會受到最近、最新的情報左右。

所以，你想讓自己成爲開會時衆人注意的焦點時，最好等在場所有的人都發表過意見之後，而且時間也快到時才發言，成功的效率保證相當高。

△平時應多注意的小節

Y先生參加宴會後，在回家的途中，順便繞道到以前常去的酒吧。當老闆看到他後，驚訝的說：「哎呀，你看起來比以前瘦，最近是不是很忙？」本來就覺得身體不適的Y先生，聽完這句話後，竟突然懷疑自己罹患了胃癌，於是便不高興的回家。

從此之後，酒吧老闆有一陣子都沒有看到Y先生。有一天，卻突然接到Y先生的訃文。原來，他是因胃癌去世的。許多人都責備Y先生的親屬，爲什麼沒有發現Y先生異常消瘦的情形。這是不公平的。

因爲酒吧的老闆是半年多沒有見過Y先生，才會發現Y先生消瘦很多，而對於每天見面的家人來說，是很難感覺Y先生的變化的。又例如，長年在海外工作的父親，回國之後，或許會驚訝孩子的發育情形，但對母親來說，並沒有什麼特別的感覺。這也是因爲媽媽每天都看到小孩所致。

人類的認知能力是有順應性的，對於逐漸的變化，通常比較不容易察覺，因此，往往無法早期發現重大的變化，所以，我們平時應該多加注意。例如，汽油以五元、十元的數目逐漸漲價，即使一年後已上漲一百元，社會大衆也都能接受。但是，如果在一年後，油價突然上漲一百元，往往會引起消費者的不滿。當然，物價上漲是不會危害到生命的，但是，對健康必須多加小心，以免步上Y先生的後塵。

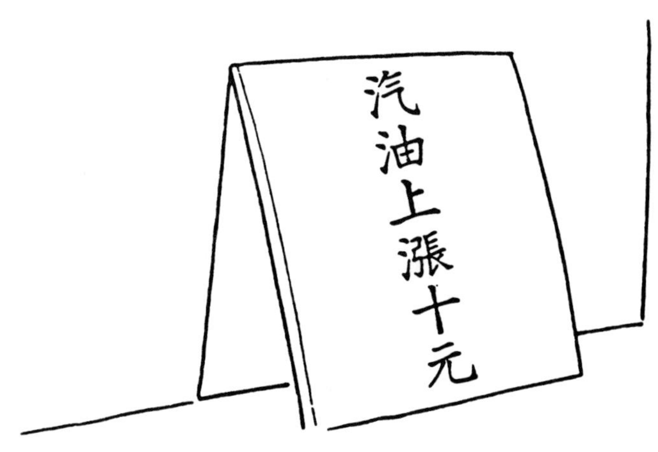

△上榜與否的心理

當你仔細觀察走出考場的考生，可以發現他們大致有兩種表情，一種是興高采烈的和同伴打招呼，一種是垂頭喪氣。

但是到放榜的日子，能夠金榜題名的，卻往往是自認考的不理想的人。

這些考生雖然預料自己可能榜上有名，但爲了緩和萬一遭受失敗的打擊，所以才會表現出一付垂頭喪氣的樣子。

社會心理學家雷奧·曼曾訪問在棒球場外大排長龍買票的球迷說：「你可能進場嗎？」結果有些可能進場的球迷回答說：「很難說。」但一些排在隊伍後面的人，卻非常有自信的說：「可以進去。」亦即，他們抱持著「投機性特有的幻想」的心理。

回答不行的人，他的心理通常都是爲避免失望，才事先設下防線，所以，當一位高喊「我考的很好」的考生回家時，你最好不要問他有關考試的事情。

△身體空間受到侵犯時

通常老闆的辦公室都會有高級豪華的設備，而且，有的老闆會在辦公室中擺滿各種書籍與洋酒，同時，他的辦公桌也比其他職員大上一倍以上。此外，其他職員隨著職位的升遷，辦公桌也會愈來愈大。相反地，有些人的職位愈高，他的辦公室反而愈小，這究竟是什麼原因呢？

人類對於自己周圍的空間，都不希望受到侵犯，每個人都期盼保有自己的活動範圍，這種情形在心理學上稱爲「身體空間」。

假如這個身體空間被他人介入時，即會感覺相當不愉快。而且會產生不安，甚至於喪失自信。

美國教育刑警的教料書中，曾記載著一段有關調查方法的內容。亦即在問筆錄時，最初離嫌犯二～三呎（約六十～九十公分），然後逐漸的靠近，到最後，雙方成促膝交談的姿勢，如此一來，嫌犯會因身體空間受到侵犯，喪失自信，坦白地供出犯罪行爲。

因此，我們最好不要去碰老闆放在桌上的東西。

△特別早起的原因

早上即使多睡五分鐘也好，相信這是許多上班族的心聲吧！由於經常到時間緊迫的時候才起床，所以往往來不及吃早餐，便匆匆忙忙地離開家。假如太太看錯時間，早了一、二個小時叫醒丈夫，此時丈夫通常會很不高興。但是，如果這位先生和朋友相約去打高爾夫球，即使比平常早一、二個小時起床，也會興高采烈。

這種現象心理學上稱爲「取向・目標・行爲」。一個人一旦有了目標之後，往往會積極地朝這個目標採取行動。假如這個目標更加具體時，這種傾向也會更加強烈。

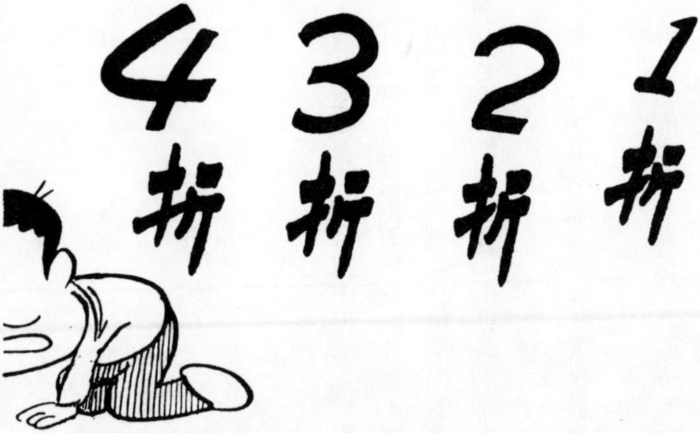

1 折
2 折
3 折
4 折

而且，這種現象並不僅限於男性，只要有具體上的目標，女性同樣也會採取積極的行動。

例如，平常懶得起床做早餐給丈夫吃的太太，一旦遇到百貨公司打折的日子，往往會一大早趕到百貨公司去，這種情形和前面所說的理由是相同的。

然而，如果這個目標是抽象的或只是一種理想，它的效果通常是無法期待的。例如，你要一位上幼稚園或小學的孩子，朝「上台大」的目標邁進，小孩只會把它當作耳邊風，根本缺乏實際的效益。

因此，目標必須具體而又符合現實，才能產生前面所說的效果。同時，主動也是一個非常重要的條件。例如，你雖然非常喜歡打高爾夫球，但如果要陪一個自己討厭的人去時，當然，你是無法高興早起的。

△擔心被叫到，往往眞的被叫到

相信很多人在學生時代都有這種經驗，自己沒有準備的功課往往很怕被老師叫到。因此，通常喜歡躲在前面同學的背後。

但是不可思議的是，愈怕被老師叫到的人，偏偏會被叫到。難道老師眞的能憑第六感，得知那一位同學沒有準備功課嗎？

從心理學的立場來看，老師並不具備這種超能力，這只是學生本身心理上的問題。

一位名叫W・E・雷波特的學者，曾進行交談者的距離與性格的關係的調查，結果發現，有自信的學生會比較靠近對方，而沒有自信的學生會坐在與對方距離較遠之處。

也就是說，每個人在無意識之中，對於他人心理上的距離感與抵抗感，會以實際的距離表示出來。

在印象中，自己經常被老師叫到，是因爲擁有怕被叫到的恐懼造成的。

實際上，並不是自己眞的被老師叫到的次數很多，而是自己怕被叫到的意識非常強烈，所以，才在腦海中留下經常被叫到的印象。

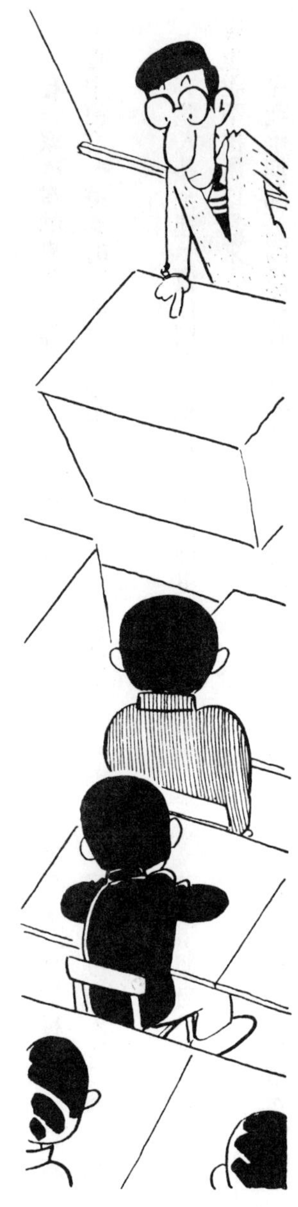

△不可思議的湊熱鬧心理

有一家冰淇淋專賣店開張時，故意僱用許多人在門口大排長龍。結果，看到這種情形的行人，心中便有「這家的冰淇淋一定很好吃，所以才有那麼多人」的想法，因此，也加入排隊的行列。

有些人甚至連「賣什麼都不知道」，便糊里糊塗的跟著別人排隊。最後，連自己爲什麼要排隊也說不出所以然來。

在戰爭期間，因爲物資的缺乏，只要有人排隊的地方，可以說大部分都有好事。但現在的情形不同了，爲什麼仍然有這些難以理解的現象呢？

這表示，每個人都一窩蜂地趕流行，唯恐自己跟不上時代的潮流，這在心理學上稱爲「同調性的心理」。

目前社會上有許多不肖的商人，便經常利用這種「同調性的心理」，來達到斂財的目的。例如，曾經盛及一時的老鼠會即屬此類。

△不可思議的興奮

據說，某位花花公子只要看中一位女性，便會請她到兒童樂園玩，而且和她一起坐雲霄飛車。友人不解的問他，爲什麼採取這種追求的方法？

這位花花公子得意的告訴友人說：「女人是一種生理的動物，當她感到害怕時，往往會求助於身旁的男性。」

這位花花公子的說法，並不是信口胡說的。因爲當我們的生理感到興奮時，有時是因性引起的，有的則是因恐懼或運動造成的。但是，關於原因的判斷，仍然與本人的主觀有關。

也就是說，她坐在雲霄飛車上，因爲心裡感到恐懼，所以心跳得相當厲害，但她卻誤以爲是坐在旁邊的男士使她心跳加快。

這種「弄錯的想法」，不只是女性而已，男性在不知不覺中也會產生生理上的興奮，而將這種興奮歸諸於女性引起的。

△公司附近的小吃店

無論是什麼公司的附近，總是會有兩、三家的小吃店。有時候，我們簡直難以相信，這種地方也能賣小吃。

而且有些地方的小吃店，既難吃、價錢又不便宜，還是門庭若市，眞是令人不可思議。

然而仔細一想，這類的小吃店，仍是有其存在的意義。因爲這類小吃店，是那些存有不安感的員工，互相交換消息的場所。

美國的心理學家約翰·高登斯坦因與哈瓦德·羅傑菲魯特提出的報告說，心理上有弱點而感到不安的人，會找尋和自己有相同想法的人，而且有強烈成爲他們伙伴的傾向。

亦即表示，遇到和自己有相同境遇或問題的人，因爲自己比較能夠了解對方心中的想法，所以能夠比較安心地和對方交往。

因此，公司附近的小吃店，便會成爲這種人聚集的地方，因爲在這裡，他們不必窮於應付公司中的人際關係，這裡也成爲這些人心靈上的綠洲。

乍看之下，集中在這種小吃店的人，好像是喪家之犬，但是作者以爲這是他們追求精神平衡的理想所在。

或許有人認爲，他們是「一群弱者」，但是，如果沒有綠洲的話，人是無法在社會這種沙漠生存的。

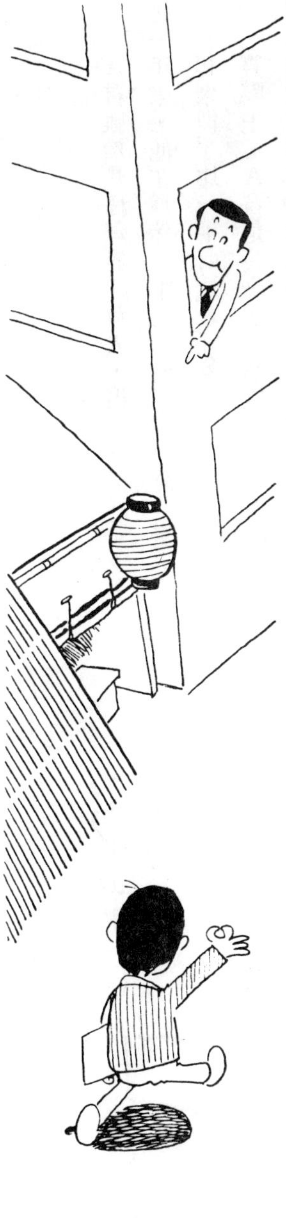

△宣傳的假象

A君雖然是棒球界的新人，但人緣很好。這一年來，他在球迷心中的印象已經大爲改變，看起來似乎比一年前長大許多。

實際上，A君是長高了，然而，他給人的印象是比實際年齡還成熟。一年前還在公園跑來跑去的少年，難道在這麼短的期間內，因爲當上職業選手，便搖身一變成了大人嗎？

其實，A君和一年前並沒有很大的改變。他還是一個年僅十九歲的青年。他的私生活仍然是無憂無慮的，但是，球迷卻認爲他比本人成熟。

巨人隊算什麼

或許，這是因爲球迷經常看到有關A君的新聞報導所致吧！每當一個人被冠上某種頭銜之後，他的表現往往會朝符合這個頭銜來做。A君因爲被冠上「棒壇新彗星」的頭銜，所以才會使他看起來比實際上成熟許多。這種現象在心理學上稱爲「頭銜效果」。

例如，當A君向某位女球迷揮手致意時，球迷也會把它當作是一種成熟者應有的表現。且像A君這種年齡，正是食慾特別旺盛的時候，吃的比別人多是相當正常的現象，但是這種情形也會變成爲「正因爲A君是新彗星，所以他的食量也比別人大」。

若以前面這種說法類推，A君即使陷入暫時性的低潮期，球迷也會認爲「由於他是新彗星，因此他的低潮也和別人不一樣」。

真不愧是新彗星

△做功課的最佳時機

「無敵鐵金鋼」、「宇宙戰艦」等卡通影片，相當受到兒童的喜愛，所以許多媽媽認為，卡通影片是小孩子做功課的最大敵人。

作者並不是要為卡通影片或漫畫書辯護，而是要客觀的指出，卡通影片與漫畫書，究竟是小孩做功課的「敵人」或「協助者」，完全由母親的做法來決定。假如小孩一放學回家，便坐在電視機前面，此時，媽媽如果說：「看完電視要馬上做功課。」小孩大多把它當作耳邊風。

相反地，倘若媽媽說：「做完功課才能看電視。」則小孩因為想早一點看電視，便會專心的做功課，如此一來，即能提高做功課的效率。

這種做法在心理學上稱為「報酬效果」，也就是說，媽媽應該給小孩一種「餌食」。得到「餌食」之後，行動會變得特別敏捷的，並不僅是小孩子而已。例如，成人知道自己努力工作之後可以升為股長，便會努力工作，以便得到股長這個「餌食」。

△不可思議的搭配

我們經常可以聽到「這對夫婦長的很像」的話，說也奇怪，世上的每一對男女，似乎都巧妙的在維持平衡。

「美女配醜男」這種事情，只有在虛構的故事中才會出現，一般而言，美男的對象是美女，醜男的伴侶也通常是醜女。

作者並不是要大家打破這種現象，不過，挑戰本身即是一種至高無上的享受。

依據調查的結果顯示，無論是情侶或夫婦，他們所追求的對象，容貌的水準一定是最接近自己的。

當你喜歡某一個人時，如果對方不喜歡你，心理上多少會產生排斥感，因爲每個人的心理總是期待著，自己喜歡的人也能喜歡自己。

但是，作者要奉勸各位讀者，你與其去追求一個冷若冰霜的女性，不如去追求一個溫柔體貼的女性。

△不可思議的信任心理

每個人生病都會去看醫生，然而，並不是所有的醫生都是名醫，有的甚至是蒙古大夫，但即使如此，依然有人上門求診。

而且令人不可思議的是，醫生只要穿著白色的制服，表情嚴肅的下診斷，便儼然是一位名醫的風範，此時，社會大衆對他不利的傳言，即會一概遭受否定。

這種令人驚訝的白色制服的魔力，在心理學上稱爲「後光效果」。每個人對於代表權威的對象，心理上是脆弱的，因此，才有「狐假虎威」的成語。雖然是一位蒙古大夫，但只要穿上白色的制服，在病患的面前開處方，便會產生後光。

在「後光效果」的應用篇中，有一種是「威光暗示」。當我們要讓某人聽唱片之前，先由樂評家告訴某人說，這個小提琴手是一位相當有才華的人，然後再加以解說。

過一陣子之後，再讓他聽同一張唱片，但是對他說，這首曲子雖然和上次聽的相同，然而演奏的技巧稍有差異。

結果，這個人便會認爲自己聽的是完全不同的兩張唱片。

利用「威光暗示」的說服方法，在我們的日常生活中到處可見。例如，房地產公司的老闆，他並不是爲平衡貿易逆差才開進口車；有些公司爲達宣傳的目的，會利用演藝人員進行說服的工作；這些都是屬於「威光暗示」的做法。

△不可思議的連續失敗

我有一位喜歡打高爾夫球的朋友，他無論是長推桿或短推桿都極有把握，可是不知道爲什麼，他總是無法把障礙球打好。提起障礙球，並不是很難打，對於擅長推桿的人，更應該不成問題，但是，我的朋友始終打不好。或許是因爲他在打球之前，心中即有「我可能會失敗」或「可能要多打幾桿的想法」所致吧！

他在障礙球失敗後，自然會多打幾桿。但是，他在打障礙球時，臉上那種痛苦的表情，好像魔鬼纏身，使他不能好好地打球似的。

這種情形，可以說是一種自我暗示的「再

起的法則」。

所以，他一旦揮桿落空後，便會出現「下一桿也會落空」的自我暗示。如此一來，心中便會產生失敗的意識，而使行動完全改變，導致連續失敗的惡性循環。

德國的心理學家馬魯貝，他在一九二〇年代的初期，調查三千名德國陸軍的現役將校與士官，將過去五年來經常發生事故的編爲一組，而從未發生事故的編爲另一組，經過五年，發現前一組發生事故的比例遠比後一組高出許多。目前，有許多保險業者即將此種方法應用在投保人的身上。

俗話說：「有一便有二，有二便有三。」從心理學的法則來說，這的確是一針見血的話。

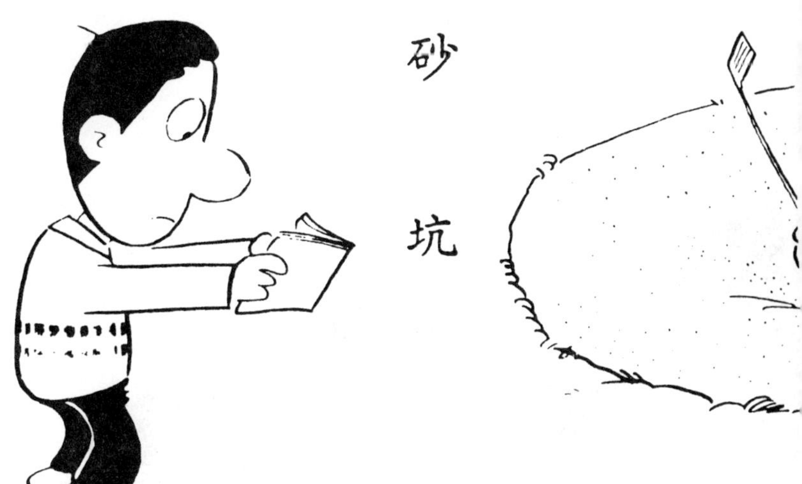

△不可思議的自殺心理

在美國加州的聖大芒尼加海岸，有一位東方婦人帶著小孩投水自殺，雖然母親獲救，小孩卻溺斃了。當地警察以謀殺的罪名，將這位母親提起公訴，這種情形在東方人而言，是無法如此簡單下結論的。

後來，當事人的辯護律師上訴說：「這位母親是考慮到孩子的將來，才帶他們一起投水自盡，並沒有謀殺的意圖。」才使這位母親無罪獲釋。但是，這種判決結果，反而使美國人感到莫名其妙，或許這是因為東、西雙方對親子關係的觀點不同吧！

簡單的說，因爲丈夫有外遇而煩惱的太太，由於不放心將可愛的小孩交給負心的丈夫扶養，才決定把小孩一起帶往不歸路，這是一般東方人的想法。而歐美人士的想法是，丈夫有了外遇，感到痛苦的是妻子，小孩根本不知道，而且是無辜的，所以如果妻子想自殺，儘管一個人去，何必連累小孩。

爲什麼東、西方的想法有這種差別呢？依據美國心理學家科廸的說法：西方母親和小孩交談的頻度，比東方母親高。亦即，西方人將小孩當作是一個獨立的個體，而不是自己的分身，所以不會有同歸於盡的想法。

反之，東方的母親因爲將孩子視爲自己的一部分，因此才會處處表示關心。

△暗示語的作用

人們都非常忌諱在喜宴上說不吉利的話。例如，當你去參加結婚典禮時，應該避免說出「分手」、「離婚」或「感情破裂」等不吉利的話，否則，你將成爲一位不受歡迎的人。

但是，有的人則認爲，忌諱說不吉利的話，只是一種迷信，對現實生活並沒有實際的影響。例如，一對夫婦要「離婚」，造成這種結果的，決不是當初有人在婚禮上說了「離婚」等不吉利的話，而是由於雙方相處一段時間後，發現彼此有許多不同的地方，才導致他們日後的分手。

以心理學的立場分析，這種說法是非常合乎道理的。法國著名的精神療法研究專家艾米爾・克雷博士，研究出一種利用自我暗示來治病的精神療法。

但是，你與其說「痛會消失，痛會消失」這種暗示語，不如說「痛，會消失，會消失」。亦即，盡量少用「痛」或「苦」等討厭的感覺，比較可以提高效果。

相反地，「痛」或「苦」這一類的話，對於要消除患者的痛或苦會形成阻礙。

所以，前文所說的「分手」、「離婚」或「感情破裂」等不吉利的話，假如以這種心理推斷，也不能說是過度的迷信。

△回娘家的理由

A君從鄉下的國中畢業後，便北上就職。他具有不服輸的個性，做事又非常認眞，後來便逐漸嶄露頭角，現在他已經是一家擁有兩百位作業員的電子公司的常務董事。

A君因爲工作非常認眞，所以，總公司的董事長非常欣賞他，有意將自己任性的孫女嫁給他。經過董事長再三催促，A君終於回鄉下，和父母商量婚事。

沒想到父母以「門不當，戶不對」的理由大爲反對，因爲父母認爲這將會是夫妻失和的主因。同時，父母也替A君介紹了一位溫柔婉約的Y小姐。

然而，A君回到公司後，由於近水樓台的關係，不久便和董事長的孫女結婚了，在新婚期間，新娘子始終保持著良好的教養。

但是過了蜜月期之後，她的本性便暴露，經常爲丈夫的晚歸，和A君爭吵不休，最後便提著行李回娘家哭訴。此時，A君才深深體會到，父母說的話是正確的。

的確，在目前的社會上，心中沒有不滿的人是不可能存在的，大部分人的欲求都得不到滿足。假如能將這種不滿妥善處理，即可使心理得到平衡，避免和人引起衝突。

以本文中的千金小姐爲例，她因爲從小嬌生慣養，所以對欲求不滿的忍受力很低，而且，會將這種不滿發洩在他人的身上。能發散這種欲求不滿，並且予以忍受的力量稱爲「抗拒或抑止希求不滿」（Frustration・Tolerance）。這種力量，一般認爲是在幼兒期所培養的。

所以，即使「門不當，戶不對」，結果也會因個人的忍耐力而有所差異。

△被甩掉後的心理

一位有新戀人的男性，每遇到熟人，總會誇獎自己的女友是如何的美麗。然而，在旁人的眼光中，這只不過是「情人眼裡出西施」罷了。一般說來，熱戀中的男女眼中所看到的，盡是對方的優點。

後來，這位男的被女朋友甩掉後，便到處說她的壞話，這種心理簡直令人不可思議。本來，在這名男人眼中的可愛臉龐、美麗肌膚與動人的身材，現在都變得一文不值了。

伊索寓言中的「狐狸與葡萄」這則故事，相信大家都聽說過，這種酸葡萄的心理，在心理學上，是一種「合理化」的「酸葡萄理論」。

所以，本文中的男性在女朋友離開自己後便惡言相向，可以說是一種「酸葡萄經驗」。

第四章　奇妙的人性心理

△順手牽羊的心理

據說，有一知名公司的課長夫人，在自宅附近的超級市場買東西時，因順手牽羊被人發現而送交警方處理。警方念她初犯，將她訓誡一番便釋放了。

然而，她的動機始終令人無法理解。因爲無論警方如何詢問，她只是回答：「可能是一時的著魔。」連自己也說不出所以然。

這位課長夫人在金錢方面並不匱乏，究竟她是在何種意識之下，做出順手牽羊的事呢？或許她是在心神不安定的狀態下，因一時的衝動才做出犯法的行爲吧！

乍看之下，這似乎是一種複雜的動機，事實上極爲簡單。因爲，她以爲沒有人看到，所以才會偷東西。而「沒有人看見」的心理，即是誘發她犯罪的原因。

任教於紐約大學的心理學家史考特·佛烈沙，將人類的這種心理，利用汽車做了一項有趣的實驗。他故意在人煙稀少的馬路上讓汽車拋錨，然後自己躲在路旁的樹蔭下觀察。

經過十分鐘，有一輛載著全家人的汽車，停在拋錨的車子旁邊，母親下來把風，父親和小孩同心協力地把電瓶和散熱器拿走。此後的二十六小時，這輛拋錨車子的各種零件，全被路過這裡的人拿走了。

令人驚訝的是，這些從事偷竊或破壞行爲的人，看起來都是一些有身份，同時又不缺乏金錢的中產階級。這也就是說，如果沒有旁人看到的話，每個人都很可能隨時會做出一些反社會行動的危險行爲。

△不可思議的選擇方式

A君坐上計程車後，隨即說出目的地，此時司機問要走那一條路時，本來走那一條路都無所謂的A君，突然想到走××路比較好，便會告訴司機說：「走××路好了。」

過了不久，A君在同一個地點要搭車到同一個地方，這位司機是一個非常熟悉路線的人，他一口氣說出了三、四條路，要A君選擇走那一條。結果A君回答說：「都可以。」

這種回答對於一位熟悉路線的司機而言，是不好處理的。因爲這種曖昧的回答，很可能會造成雙方的糾紛。關於這點，在進行心理學

的調查時，曾發生類似的情況。

在進行調查時，將「是」或「不是」的回答方式稱爲「二件法」，假如這兩個回答方法再加上「不知道」（D・K）的條件，則稱爲「三件法」。

如果加上第三條路的D・K時，則人類的判斷力會產生不安，這結論即是調查的結果。這並非是表示不關心，而是在選擇的情形下，自然而然會選擇這種曖昧的回答方式。

因此，當你要說服一個人或向某人提出要求時，不妨提出兩個問題，讓對方選擇其一，事情會比較容易得到順利的解決。

在本文中提到的熟悉路線的司機，他可以說是一位「地理」專家，但他卻不了解人類的「心理」。

△模仿的心理

有一位中小企業的老板Y先生，他以經常責罵部屬而聞名。因此，該公司的員工，只要站在他的面前，便好像是青蛙跑到蛇的面前一樣，一種恐懼的心理便會油然而生。

到後來，該公司的員工，無論是說話的語調或走路的姿勢，都和老板一模一樣。而Y先生的一舉一動，又和總公司的董事長如出一轍。

任何人進入一家新公司或新單位時，很難立即和上司與前輩相處融洽的。此時，即使經常受到叱罵，也只好擺出唯命是從的態度，而且，會盡量想辦法了解對方的想法。

這種現象，生理學上稱爲「採用」，假如「採用」的作用能順利進行，一切便不會發生問題。

然而，有些人會因爲挨罵、和對方發生言語上的衝突，於是，心中會產生自己將受到對方敵視的不安感。如果這種不安感不斷地升高，則在無意識中即會產生避免和對方對立的想法。自己的言行會和對方採取同一步調，亦即變成所謂的「複製人」。

倘若「採用」能夠順利完成，也並非絕對沒有問題。例如，成爲自己「採用」對象的課長，在受到經理的激烈責備時，即會產生自責的想法。又，如果自己這個單位的業務不理想，也會覺得是自己的責任。

所以，極端的「採用」反應，會產生強烈的自責，也容易使自己產生精神衰弱的現象。

因此，有些公司發生重大的問題時，往往是那些次要幹部會引咎辭職。這即是過度的「採用」引起的。

△不可思議的犯罪心理

一個犯案累累的通緝犯S，最近又殺死一名婦女，使他的罪孽又加重一層。

本來，S極有自信地認爲不會遭受逮捕，但是過了一個月，警方始終沒有採取任何行動，於是S的心中逐漸產生不安感。

所以，S在一個月後，又再度回到犯案現場，準備觀察警方的搜查狀況。

結果，被守株待兔的刑警逮捕

了。

一般的罪犯都有再度「回到現場」的習慣，因此，只要在犯罪現場加強搜查，多半能有所斬獲。

此外，我們經常可以看到，嫌犯和一大堆圍觀的觀衆被拍照刊登在報紙上。

本文中的S通緝犯，他並非不知道這種情形，但他偏偏又採取這種行動，這可能是一種「防衞式的暴露行動」吧！

例如，某人明明非常在意自己稀少的頭髮，卻經常以不在乎的口吻談論頭髮的話題。

這種做法是因爲怕自己的缺點或不安受到他人的指謫，所以，若由自己主動提出的話，可以減緩受到的打擊。

因此，殺人嫌犯S會再度回到現場，即是因爲自己怕被抓到的心理所致。

△稱讚的藝術

當你去參加畫展或演奏會時，你可以從每個人對當事人的稱讚，了解他們交情的深淺。

例如，當事人的父母、兄弟姊妹與親朋好友，絕對不會使用一般的誇獎詞。他們甚至會站在當事人的立場，擔心他人對此次畫展或演奏會的評論。

交情稍爲好一點的朋友，經常使用的是「畫的很好」或「演奏的不錯」一類的讚美詞。

如果是使用誇大的讚美詞，則可斷定，此人必定與當事人不熟。

至於和當事人完全不認識的人，他們的誇獎詞又是如何呢？假說你告訴當事人，「剛才有一個人說你畫的很好（或演奏的很成功）」，一定比當面誇獎他更讓他高興。這種利用第三者的說服性，已經由實驗得到證明。

總而言之，毫無利害關係的人所說的話，比較具有眞實性。

△視而不見的原因

某天，我以前的一位學生來看我。他告訴我說，在擠得好像沙丁魚罐頭的公車上，看到一個小流氓欺負一位老人，可是卻沒有人見義勇爲。

當我問：「當時你採取什麼態度？是否告訴了司機或車掌……」時，對方回答說：「不，當時我也不知道該怎麼辦，只是傻傻地站在那裡。」

聽完他的回答後，我不禁笑著說：「其他的乘客和你一樣，他們也不知道該怎麼辦才好。假如當時沒有其他的人，或許你就會見義勇爲了。」

一般人在遇到突發事件時，往往無法選擇自己的行動。此時，多半會先觀察他人的行動，然後才決定自己的行動。

所以在這種情形下，大家非常容易產生畏懼的心理，會有多一事不如少一事的想法。

△母親參加兒女開學典禮的心理

這是一件令人難以置信的事，A君在結婚當天，因爲婚禮莊嚴的氣氛，竟然小便失禁。對於新郎這種膽小的態度，新娘頗不以爲然，但她繼而一想，新郎因爲緊張而失常是可以原諒的，於是便不再耿耿於懷。後來，新郎對新娘說：

「都是媽媽不好。她沒有事先告訴我，在典禮之前應該先上厠所。」

沒想到新娘聽到新郎這句話後，便決定馬上離婚。

大學金榜題名，開學典禮的這一天，誰最

高興呢？我想母親比本人會感到更高興吧！當這位新鮮人和前面這位新郎一樣，心理產生不安時，媽媽便會說：「放心，我陪你去。」

此時，媽媽的心情，就像是回到以前帶孩子上小學的時候。當然，這種現象在小學生來說是正常的，但一個已經快成人的大學生，竟然還要和媽媽手拉手的去參加開學典禮，則未免太不可思議了。

這可以說是典型的「戀母情結」。所謂的戀母情結是指，一位少年在成長的過程當中（由少年期到青年期），因爲過度受到母親的庇護，因此即使到大學時代或成年人，在精神方面仍然非常依賴母親。

如果以這種心理分析，本文中的新郎在婚禮時發生小便失禁的事情，是可以理解的。

△顧此失彼

在百貨公司舉行換季大拍賣時，有些主婦會推開其他人，拼命搶購自己喜歡的東西，然後心滿意足的回家。等到回家後，才發現把小孩丟在百貨公司裡。相信這種粗心大意的媽媽必然不少！

帶著小孩到超級市場買東西的某位家庭主婦，到超級市場才想起熨斗的插頭沒有拔下來，於是立刻飛奔回家。

此時，熨斗的周圍已經冒出許多黑煙了，但總算及時避免一場火災。等這位主婦鬆了一口氣時，才想到小孩不在自己的身旁。

難道這些家庭主婦眞是粗心大意的人嗎？其實不無。因爲當我們產生「糟糕！怎麼辦？」的念頭時，心中的緊張感會急遽的升高，此時，平常可以看到的東西也會看不到，這種視而不見的情形被稱爲「視野狹窄」。

由於只會看到目前的事情，因此，相同的失敗還是有可能出現。

例如，車子的輪胎掉入水溝中時，一般人往往會慌張的往後退，而忽略車後還有一堵圍牆，結果，車輪還沒有脫離水溝，又把別人的圍牆撞倒了。

此外，當長子參加聯考的日子逐漸逼近時，母親的緊張感往往比考生本人還高。

而且，媽媽此時眼中，只看到聯考而已。對於丈夫明天要出差或女兒要舉行期末考的事情，完全忘的一乾二淨。甚至於星期日，也會因爲過度緊張，而早起爲家人準備便當。

△成爲好朋友的理由

出生於台中的A君，既不喝酒也不抽煙，是一位相當內向的人；而生長於台北的B君，喜歡喝酒，又富有幽默感，也非常受女性的歡迎。

這兩個人碰巧是同一所大學的新生，且兩個人是坐位相鄰的同學，所以很快便成爲意氣相投的好朋友。

這兩個興趣、嗜好完全不同的人，竟然能夠「一拍即合」，完全是因爲「不安」這個媒人撮合的。

因爲在開學典禮上，除了新生之外，自己沒有一個熟人，心中難免會產生不安，因此，才促使兩個人變得更加親密。

美國的社會心理學家史坦雷·夏當，曾以這種不安做了一項有趣的實驗。將接受測驗的女學生分爲兩組，然後以觸電來調查心理學的效果。

同時，告訴其中一組的學生說，觸電的後果是相當可怕的，但是，對另一組的學生表示，觸電並無任何不良後果。

當開始進行實驗時，事先給予不安感暗示的這組學生，都表示要和同伴在一起等測試的時間。

由此可知，一旦我們的心理產生強烈的不安時，潛意識中會有想親近他人的傾向。

而且，此時多半不會考慮到彼此的個性或興趣是否相投。

出生於台中

出生於台北

△厭惡做功課的原因

B君在左右鄰居的眼中，是一位成績相當出色的孩子。因爲他每次考試，都是班上的第一名，他的母親也經常以此爲傲。可是有一天，B君突然不願意做功課了。

因爲這次的考試，他最拿手的算術成績並不理想，所以心中受到相當大的打擊，而且，只要一提到做功課，便顯得意興闌姍。

除算術之外，對於其他的功課，B君也都提不起興趣了。

每個人都一樣，如果一直想著同一件事情，心裡便會變得煩躁。這種現象在心理學上稱作爲「心的飽和」，亦即是說，對於相同的活動，心中一旦達到飽和點之後，便會不想再做。

而這種現象稱爲「共飽和」，例如，一個喜歡吃喝玩樂的人，有一天，突然下定決心戒酒，便也不再涉足風月場所與賭博。其中的原因也和前面所說的相同。

因此，我要奉勸各位做父母的讀者，即使你的小孩是多麼喜歡做功課，也千萬不能過度強迫他，否則只會適得其反。

△映像的效果

最近，非常流行一種只有映像而沒有說明的高爾夫球練習錄影帶。一位喜歡打高爾夫球的人，在看這種錄影帶的過程當中，也在腦海裡描繪自己下次要去打高爾夫球的球場地圖，並且思考自己揮桿時要擺出什麼姿勢，才能擊出好球。

結果當天到球場後，竟然完全和自己腦海中所描繪的情形一樣。

有些演藝人員或演奏家，只要一站上舞台，便會產生失敗的不安感，此時，不妨在心中描繪觀衆對於自己的表演非常滿意，而且掌聲如雷的畫面。如此，便可減輕心中的不安感。

以心理學而言，這種做法稱爲「心理預習（mental rehearsal）」，實際上被歸納在生活指導裡面。

所以「心理上的預演」，是屬於一種不會失敗的預演，而這種預演對建立自信心非常有幫助。

△不理想的開會時間

某家公司的董事長，決定以後每天要開早餐會報與午餐會報。開早餐會報的用意是，希望每位員工能以清晰的頭腦，提出一些好的構想。相對的，午餐會報的目的，則是希望大家能在輕鬆的氣氛下，一起討論公司的決策。至於開會的時間，則訂在上午七點半與中午十二點。

雖然利用清晰的頭腦來發揮創意，是一種很好的構想，但是，對於那些喜歡夜生活的年輕人而言，早起是一件非常痛苦的差事，而且，睡眠不充足的話，還能想出好主意嗎？

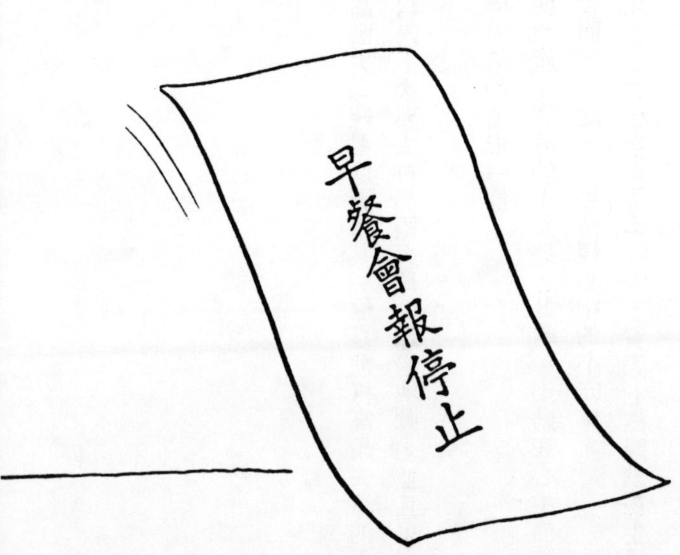

這裡有一個著名的研究報告，非常值得參考。進行這項研究的是凱茲，他把時間分成幾個時間帶，然後做計算與記憶力的測驗。結果發現，如果上午八點的計算與記憶效果是一百，那麼，上午十點可以升高到一〇六，到下午一點，則下降到九十八，但是到三點，便又回升到一〇三。

由這個實驗結果得知，頭腦的活動功能在上午十點與下午三點最爲活躍，而上午七點半與中午十二點，則是頭腦最爲遲鈍的時刻。

「老闆因爲年紀大睡不著，所以才能早起，我們怎能和他比呢？」由員工這種不滿的情緒來看，是無法得到老闆所期待的效果。假如這位董事長能改變開會的時間，相信效果一定會大爲提高。

△成長後的轉變

據說，某一知名的評論家，他在少年時代患有口吃的毛病。每當在他人面前時，總是會緊張的說不出話，然而，當他單獨的看書或和令他心安的人談話，即不會出現口吃的現象。

後來，他克服口吃的障礙，成爲一位相當聞名的評論家。

克服語言方面的障礙，成爲一個非常有說話技巧的人，並不僅是前文提到的評論家而已，希臘的雄辯家狄摩西尼斯，在孩提時代也爲自己嚴重的口吃，感到非常的煩惱。

他下定決心，一定要糾正這種不良的習慣，後來，他終於成爲一個偉大的雄辯家。

在孩提時代因爲有某種障礙，而和他人不一樣的人，成長後力求改善，終於排除障礙，甚至於超越他人，這種現象在心理學上稱爲「過度補償」。

當一個人想彌補自己的缺點時，所進行的努力往往超越了缺點。造成這種情形的原因，或許是他急於想超越他人所致。

而且，一旦他的努力有了代價之後，他還會趁勝追擊。

這種事實，能給予我們許多希望。例如，一個原本體弱的男孩，他爲了避免永遠受到他人的欺負，便一心一意地鍛練身體，後來竟成爲一位非常有名的運動家。

又，一位嫌惡自己字寫的很醜的女性，經過不斷的苦練，現在終於能寫一手好字了。

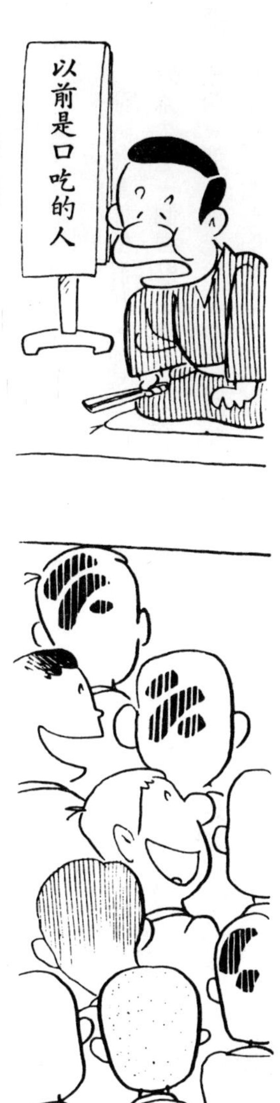

△說話的技巧

「他雖然工作的很好，卻是一個酒鬼」，與「他雖然是一個酒鬼，卻工作的很好」這兩種介紹詞，那一種能給對方一個好印象呢？毫無疑問的，當然是後者。

以「～雖然……卻」這種前面否定的理論說話，是人類心理「終末殘存效果」的結構造成的。一個人最後看到或聽到的事情，往往會留下強烈的印象。這種作用，相信很多人在日常生活當中都有經驗。例如，和朋友一起喝酒，在分手的時候，對方說出令你不高興的話，到第二天，你仍然會耿耿於懷。反之，雙方若

在談笑風生之後分手，即能保持愉快的心情回家。

這種談話的技巧，也經常被用在看病時。當醫生以「樂觀的看法」→「悲觀的看法」這種順序爲患者診斷病情時，往往會留給患者悲觀的印象，而造反效果。所以，我們無論做任何事，都應該採用「悲觀的看法」→「樂觀的看法」比較好。

當一個職員要向上司報告時，如果能採用如上述的心理結構，所得到的評價一定與衆不同。假如你對一個處事積極的上司說：「可能不會有什麼問題，只是有一點小小的阻礙。」上司一定認爲你是一個處事消極的部屬。相反地，倘若你說：「雖然有一點小小的障礙，但可能不會有什麼問題。」相信效果有很大的差別。

△使工作順利推展的做法

「爸爸，今天是星期日，帶我到動物園去玩嘛！」當小孩子提出這種要求時，相信大部分的父親會想出一大堆的理由拒絕外出。平常喜歡和父親唱反調的母親，此時也會一反常態的附合著說：「爸爸平時工作很累，禮拜天就讓他在家休息吧！」

或許母親的想法是，到動物園逛一天，會影響星期一的工作效率，如此一來，業績與年終獎金都會受到影響。然而經由各種問卷調查得知，星期日在家蹺脚看電視的人，不見得星期一的工作效率就提高。

星期日在家休息了一天，照理說應該精神百倍才對，但不知道爲什麼，星期一時，反而顯得沒精打采，無法集中精神工作，相信每個人都曾有過這種經驗吧！

有一位名叫塞傑諾夫的大腦生理學家指出，人與其無所事事的休息，不如積極地活動身體，反而能使精神恢復疲勞，使工作效率提高六・七成。

假如你每週休息兩天，不妨星期六在家休息，星期日到戶外做休閒活動，這是上班族最理想的渡假方法。

據說，採取這種休假方法的人，星期一比較不會遲到與缺勤。

如果你經常提不起精神，作者建議你不妨採取塞傑諾夫的做法。

△問題學生也能成為大人物

假如你經常閱讀有關大學者或大發明家的傳記，你會發現，其中似乎有一個固定的模式。首先，他們在孩提時代，多半是一個令人頭痛的孩子，在學校也是一個問題學生。周圍的人都異口同聲的說，這種小孩將來是不可能有成就的。而且，他們也受到家人的輕蔑與卑視。

但是，他們的身旁會出現一個救星。這個救星，可能是母親，可能是兄弟姊妹，也可能是學校的老師。

如果是母親的話，她相信自己的孩子，將來一定會出人頭地，而這種「信念的魔力」能使小孩在成長的過程中，發揮出偉大的力量。

這種模式，爲什麼能產生偉人呢？一個名叫羅森索的學者，曾做了一個聞名的實驗。他請老師選出班上幾名學生，然後對他們說：「你們的成績一定會進步。」同時，老師本身也必須有這種強烈的信念。不久之後，這些學生的成績眞的進步了。

在希臘神話中，塞蒲路斯的國王皮格馬利翁，由於深愛一個雕刻美女，後來因爲血性相通，這位美女竟然變成眞人。

所以，這種現象又被稱爲「皮格馬利翁效果」。

如果那些劣等生能善加利用「信念的魔力」，也有可能成爲一位大學者或大企業家。

△沒有自信的回答

在我們的日常生活中，有許多事情可以做爲人類心理的實驗。例如，你和女朋友相約數日後的五點見面，然而，你在約會的前一天打電話問她說：「我們明天約的是六點或七點？」她一時也會不敢確定是「六點」或「七點」，即使她能正確的回答「五點」，也多半缺乏自信。

假如她以堅定的口吻說：「你是什麼意思？我們明明約的是五點。」那麼，她將來可能會幫助你儲蓄一筆巨款。

倘若我們事先給予對方錯誤的情報，此人的判斷力往往會發生失誤。在本文中，由於她認爲「六點或七點？」的時間不會錯，所以，心理上自然接受這種錯誤的情報。

這種現象心理學上稱爲「錯誤的前提暗示」，無論任何人，對於這種巧妙的設定暗示，往往很容易陷入圈套。

某位涉嫌搶銀行的罪犯，即是利用這種暗示法。他事先不斷地打電話威脅銀行說：「我在銀行裝了一枚定時炸彈。」

讓有關的人得到這種錯誤的前提暗示，他假冒警官出現對行員說：「這輛車子已經被人暗中裝設炸彈，趕快逃吧！」然後發射煙霧彈。

此時，車中的保全人員立刻奔出車外，這就是人類的心理。

16日

17日

△近墨者黑

這是我一個身兼家教的學生的親身體驗。他教導一位高三的學生A君，這位學生的第一志願是國立大學。

由於A君本身的成績相當優秀，所以大家都認爲，他必能如願以償的考上第一志願。

但是到考試當天，A君因爲感冒引起身體不適，結果成績並不理想，只考上第二志願。

本來他想明年重考，後來不知道爲什麼又去註册了。

二年後，我的學生在偶然的機會中碰到A君，結果令他極爲驚訝，因爲A君和以前簡直判若二人。

以前是非常聰明的A君，現在卻變成一個愚昧無知的大學生，看起來比以前更加幼稚。

我的學生問我說：「這是不是所謂的『近朱者赤，近墨者黑』呢？」

我的回答是否定的，所謂的「近朱者赤……」，是本人的問題大於環境的影響。

這種現象在心理學來說，是屬於「退行現象」的輕微症狀。

以前是優秀的學生

當一個人對自己的能力失去自信時，爲了想彌補這種差距，會出現年齡往後退的現象，能力會退到比實際的能力更低。A君即是一例。

△不可思議的膽量

這是一個戰時被派往前線和敵人殊死戰的人的經驗談。他在戰場上，曾經用機關鎗殺死無數的敵人，但他卻說：

「我在入伍之前，連一隻螞蟻都不敢踩死，膽子很小，然而在戰場上，我卻用機關鎗猛烈掃射抽象化的『敵人』。

因爲敵人在幾百公尺前面若隱若現，似乎不像現實的人。或許是基於這個原因，我才會放心的猛扣板機吧！」

人類的這種心理，通常被稱爲「艾西曼實驗」，這個實驗是由米爾格拉姆所進行的。

他將接受試驗的人關在一個房間，然後由A君在隔壁的房間發問，受試者如果答錯，便施予觸電的處罰。

結果發現，即使試驗者已經亮起危險的紅燈，A君仍然無動於衷的按下觸電電鈕，後來，讓A君聽到受試者痛苦的呻吟聲或讓他進入受試者的房間，A君便不再按觸電電鈕了。

也就是說，A君實際感受到受試者的痛苦之後，便不忍心再給予痛苦。

由這種實驗的結果來看，人類會做出昧於良心的事情，不能只歸因於道德或文化的墮落。

視狀況的進展程度，任何人都可能成爲艾西曼，這就是人類恐怖的地方。

△不在乎的心理

有些人落榜後，心中會受到很大的打擊，但是他們會力圖振作，以期來年東山再起。

但是，如果第二年又名落孫山時，一般人都認爲他此時的痛苦，必然遠超過第一年。但事實正好相反。

此時，他的心中雖然會感到失望，但已不復當年那種錐心的刺痛了。

假如他繼續補習，準備明年再

度重考，令人不可思議的是，他還是會名落孫山。

依據統計的結果，考上大學的人數比例依序是，應屆畢業生、其次是補習一年的重考生，以此類推。

關於這點，美國的羅德島大學曾做過一項有趣的實驗。他把學生分爲三組，讓其中一組聽因準備聯考而發出的苦悶聲音，一組聽因聯考失敗而受到父母責罵的聲音，另外一組則聽與聯考毫無關係的聲音。

經過三週後，實際進行考試時，結果發現第一、二組的學生，對考試並沒有產生多大的不安感。

此即表示，一旦有了聯考失敗的打擊經驗後，即使第二年或第三年都考不上，心理也不會存有太大的恐懼感。

因此，才會形成不在乎的人格。

△長舌婦的話難令人相信

在人口稠密的社區中，總有一、二人會被稱為「廣播電台」。A女士即是大家公認的「廣播電台」，她只要聽到一點風吹草動的消息，便會大肆渲染。

有一天，A女士在無意間撞見住在同一社區的某中學老師，帶了一位妙齡女郎走進賓館，她回來後便到處宣揚。

她以為不出三天，這位老師會受到教育當局的處分，而且將無法在社區立足。但是出乎意料之外的是，根本沒有人相信A女士說的話。

相信大家都聽過「狼來了」的故事，故事中的少年，因為多次欺騙村人說狼來了，最後由於沒有人肯再相信他的話，結果真的被狼吃掉了。

因為，村民的心理認為，該少年說的都是謊話，因此，即使這位少年說眞話，也不再有人相信。

這則故事給我們的教訓是，經常說謊的人得不到他人的信賴，以心理學的觀點而言，平常不說謊的人，多半能得到他人的信任。

德國的希特勒在發動侵略戰爭之前，先建築高速公路，使人民有工作做，其餘的小承諾，他也都一一的實現。

如此一來，人民對於希特勒說的話自然會採信。

△不可思議的觀衆心理

目前，有許多觀看球賽的球迷，他們惡劣的態度實在令人無法忍受。以前的球迷，每遇到緊張的情勢時，往往會屏息觀看，而現在的球迷一看到自己喜歡的球隊快要輸球時，便朝場內扔擲瓶瓶罐罐，也不怕誤傷了場內的選手，這種做法實在令人不敢苟同。

如果大家認爲，這只是觀衆的水準降低，則未免太過單純。有句話說：「群衆中的孤獨。」的確不錯，當你踏在混亂的街道上時，相信心中一定有被解放的感覺，你會嚐到「無名的存在」的解放感。

假如群衆有了一個共同的目標，而且彼此已經成爲一體的感覺非常強烈時，則那個無名的個人，便會喪失自我意識，盲目的追隨群衆。

因此，社會心理學家金巴魯多，把這種現象稱爲「沒個性化」。這種人對理性的判斷力會減弱，而盲目的追隨群衆。

A君因爲火車誤點，使他趕不上上班的時間，所以前往站長室理論，結果有一大群人跟在他

的後面去找站長抗議，甚至有些人對站長動粗。最後，竟然放火燒火車站。

這群人平常在辦公室中，是屬於逆來順受的人，爲什麼他們會做出失去理智的事情呢？這就是群衆力量所造成的結果。

△星期日總想出去玩的心理

難得的星期假日，心中想在家好好的休息一天，但因爲陽光從窗口射進來，反而比平常早起，還吃了早點。此時，太太和孩子都還睡的很甜。

不知道爲什麼，我竟然打開窗戶，抽出他們的枕頭，把他們吵醒，或許因爲今天是一個晴朗的好天氣吧！我建議全家到郊外旅遊，沒想到竟然沒有人贊成。爲什麼家人的想法和自己不一樣呢？

想讓他人採取和自己一致的行動，必須有「誘因」或者「誘意性」，才比較容易得到成功。不過，誘因是因人而異的。

認爲今天天氣很好或今天是星期日，想出去好好玩一玩的，大概只有你一個人而已。對於一個每天都等於是星期日的人，這點是毫無「誘意性」的，根本無法提起他的興趣。

第五章　諷刺的人性心理

△不想戒煙的原因

有一位太太，因為丈夫每天要抽兩包以上的香煙，所以非常擔心他的健康。於是，她請在某醫院任職的弟弟，把描寫香煙與肺癌之間因果關係的錄影帶，以及研究報告借出來讓丈夫看。

假如我們告訴小孩，玩危險的遊戲會受傷，並且讓他看實例，大部分的小孩都會心存戒心，不敢放心大膽的去玩。

但沒有想到，這位丈夫並不理會「賢妻」的計劃，依然我行我素。

相信每一位太太在這種情形下都會說：「你爲什麼不聽勸告，難道你不怕得肺癌嗎？」以下有個實驗結果，可以提供給讀者做爲參考。

一位名叫C・I・霍普蘭特的學者，他在訴說蛀牙的可怕時，把這個恐怖分爲三個階段，然後調查他訴說的效果。結果發現，過分強調蛀牙的可怕，反而使說服的效果降低。

因爲人類對於恐怖的事情，多半存有逃避的心理，所以，如果過分強調恐怖，人類對於有害的情報也會予以拒絕。

因此，本文中的太太，若想做到一個眞正的「賢妻」，就必須先了解人類這種奧妙的心理。

一定要戒煙嗎？

△成功的秘訣

某公司的新進員工，在歡迎新進人員的茶會上，竟然說出，以後一定要擔任這家公司的老闆。

「眞是不自量力，憑他也配當本公司的老闆，也不怕說大話閃了舌頭。」所有參加茶會的員工，心中都不禁起了反感。

十年後，當年說大話的這位員工，竟然眞的成爲該公司的老闆。

其實，世界各地都曾有過這種例子，其中最著名的一個是貝比魯斯參加某次比賽時，用球棒指著前面的看台說，我要把全壘打打到那邊，結果，他眞的把球打到那邊的看台上。

無論是要成爲老闆或擊出全壘打，如果不依賴任何人，想自己達成目標時，向周圍的人宣佈你的想法是極爲有效的。

作者將這種做法稱爲「宣言效果」。當一個人在他人面前宣稱：「我要這樣做」時，他只有不斷地往前進，努力達成自己的目標。

無論是貝比魯斯或想成爲老闆的新人，當時他們在心理上，並沒有確信一定能得到成功。然而，當他們向周圍的人宣稱自己的決定之後，由於自己已經處在一種無法往後退的狀態，於是，只好把精神集中在工作或球棒上。

所以，如果你想有自動自發的精神，不妨先將自己逼到無路可退的地步。

他真的成為
我們的老闆

△不可思議的覺醒暗示

某國的電視台曾經公開這種實驗。在二十個大人面前拿出一個煤氣筒，並告訴他們說：「這個煤氣筒中裝的是帶有一點甜味和臭味的氣體，現在我把它打開，聞到臭味的人，請舉手。」說完之後，隨即將煤氣筒打開。

此時，發出了「咻！」的一聲，結果有好幾個人都把手舉起來，看到這種情形的其他人，也都紛紛地把手舉起來。也就是說，所有的人都聞到臭味了。然而，筒中裝的只是普通的空氣而已。

因此，有許多人說看到幽浮，其實和前文所說的情形非常類似。在陰暗的天空，視野相當不好的情況下，如果有一個人說看到幽浮，那麼，其他人也會附和看到幽浮。這種現象在心理學上稱爲「覺醒暗示」，但和催眠術有點不同，即使眼睛睜開，意識清醒，只要給予暗示，本來看不到的東西也能看到。所以，無論是臭氣或幽浮，並不是要我們用鼻子去聞，用眼睛去看，而是要我們用心靈去聞、去看。

△相處之道

哈佛大學研究中心的P・A・所羅門教授，曾經利用心理學上的實驗，改善原本相處不融洽的學生關係。他故意把兩個感情不好的學生分爲一組，然後告訴其中一個學生，不要理會對方討厭之處，盡量表現出親切的態度。

結果，另外一個學生因爲對方對自己非常親切，也就慢慢地改變態度和對方交往。據說，這種做法的成功率高達七〇～八五％。

爲消除對立者心中的鴻溝，利用感情使對方和自己處在同一個環境中，對方自然而然會產生同伴意識。亦即，我們必須經常站在對方的立場，爲他人設想。

即使具有說服力的政治家的演講也不例外，他們在潛意識中亦使用這種方法。原本很難相處的婆媳，只是說一句「教我作菜吧！」竟不可思議的使感情轉好，這全是因爲雙方站在相同的立場所致。

△外表給人的印象非常重要

平常喜歡穿牛仔褲、T恤的年輕人，一旦前往求職時，多半會穿上西裝、打領帶。有一次，作者在上班的途中，看到一位年輕人向我打招呼，起初，我對他絲毫沒有印象，但是仔細一看，原來他是住在隔壁的鄰居。

這位年輕人能被任用，自然也花了不少的代價。依據色彩來斷定他人對自己的印象，深藍色代表的是「清潔」、「希望」、「未來」與「無限的廣闊」。本來對色彩毫無概念的大學畢業生，

爲矇騙面試的主考官，通常會穿著深藍色的西裝，以示穩重。

穿著和他人相同的深藍色西裝，的確會感覺比較安全。

但是，如果全公司的人都穿著深藍色的西裝，恐怕連未來的希望都會喪失也不一定。

或許有人會說，究竟要穿什麼顏色的西裝才合適？其實這並沒有一定的標準。

因爲安全或危險，往往是一體的兩面，所以，是穿著西裝或牛仔褲，必須視場合而定。

△不可思議的優越感

有的人只要一受到他人的誇獎，便會自以為了不起。這種情形可以說是「部分刺激的擴大效果」，此類人會產生將自己受到誇獎的部分，更加擴大的心理作用。

這種心理也可以應用在教育方面，幫助兒童恢復自信心，進而發揮更大的才華。不過，這種做法並不僅限於小孩，即使大人，他們也都非常樂意接受他人誇獎的。

總而言之，無論任何人，只要受到一點「部分刺激」，當你像撫摸寵物般的撫慰他時，他便會高興的渾然忘我。

考上令人稱羨的大學的學生，也會有這種心理，因為他們是吃盡了苦頭，才得到這個代價的。自從考上一流的大學後，他們的心態也改變了，例如，以前非常愛慕的女孩子，但始終都不敢向她剖白心意，現在竟然落落大方的向她訴說長久以來的思念之情。

他認為自己考上人人羨慕的一流大學，女孩子一定對他趨之若鶩，沒想到竟然吃了閉門羹。

相信社會上有許多擁有優越感的人，這種人只要得到別人小小的稱讚，便會得意忘形。

本文中提到考上一流大學，但卻吃了閉門羹的男性，現任職於某公司的經理，已經是兩個小孩的父親，他平時的工作非常忙碌，在商業界也相當活躍。

從另一個角度來看，他所以有今天的地位，或許是因爲嚐到了閉門羹，才令他更發憤圖強吧！

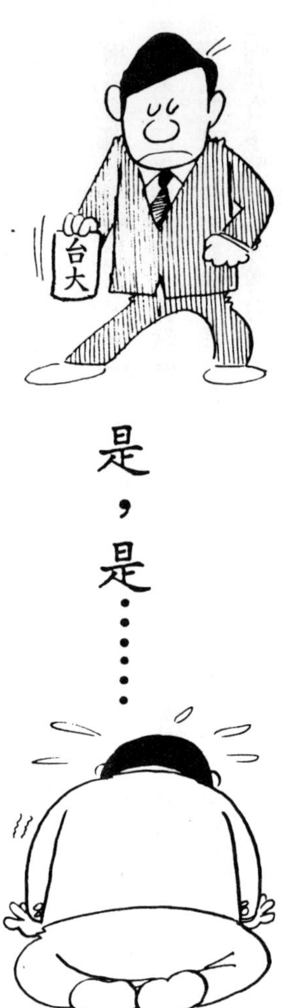

△不可思議的色彩作用

在機場看著飛機的起落，是一件非常快樂的事情。塗著藍、白或紅色的飛機，從跑道向空中飛行，尤其是巨無霸客機，竟然能輕快的從地面升起，簡直像是變魔術。

飛機看起來好像很輕盈，或許是因爲輕快的色彩，給人的一種錯覺吧！由此可知，色彩對人類的心理具有多麼大的影響力。

色彩學家詹斯金說，美國某工廠用黑色的箱子裝貨物，當工人們搬完這些貨物後，有一大半的人都感覺身體不適。

這是因爲黑色給人一種沈重的感覺，使工人覺得當天搬運的東西似乎特別重。

假如飛機塗上沈重的色彩，相信一定會讓乘客感到不安。至於飛機塗上輕快的色彩，是否是爲了減輕乘客心中的不安，作者就不得而知了。

不過輕快的色彩，的確可以減輕乘客的心理負擔。

同樣是屬於交通工具，火車頭卻採用沈重的色彩，這是爲了使大衆覺得，火車頭具有牽引車廂的力量。

而這種力量的象徵，以具有重量感的黑色最爲合適。

因此，火車頭會塗上黑色或暗紫色，並不僅是爲了外觀的好看而已，而是具有實際上的效用。

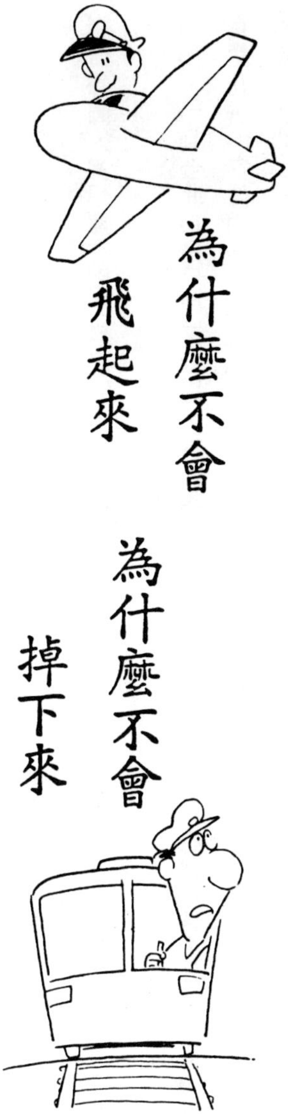

為什麼不會
飛起來

為什麼不會
掉下來

△時間的錯覺

相信每個人都想擁有屬於自己的家，因此，那些扣人心弦的房屋銷售廣告，往往會使人心動不已。

例如，「到台北市區只要三分鐘，社區內有一大片草坪」，或「到東區只要八分鐘，群山環繞，鳥語花香」宣傳用語，都是抓住人類心理的弱點，借此吸引消費者的購買慾。

由於目前缺乏綠地，所以，只要社區的公共設施含有公園、草坪，即使離市中心較遠，仍然吸引不少的購屋人士。

廣告用詞所以用「分」來計算路程，即是利用人類心理對於「分比時短」的心態，將單位改變，以減輕購買者的心理負擔。

作者將其稱爲「心理的換算」，這也是作者年輕時，用來控制自我心理的方法。例如，「距離暑假還有六十五天」或「離發薪水還有二百四十個小時」，以這種方法來「換算」，可以使憂悶的氣氛轉好。

△補償的心理作用

有一位A君，他對於畢業於國立大學的女性，心中都會感到非常的欽佩。一般來說，學歷高的女性，容貌通常並不十分出色，而且也比較不會吸引男人的眼光。但A君卻對這種女性窮追不捨。

有一次，A君竟然和一個毫無魅力可言的男人婆交往，朋友都感到非常驚訝的問：「她到底是那一點吸引你？」結果A君回答說：「因爲她畢業於哈佛大學。」

自此以後，A君經常帶她出去應酬，並且非常得意的把她介紹給朋友。原來，A君只是畢業於一所三流的大學，而他結交學歷高的女性，只是想彌補自己心中的自卑感。在心理學上稱爲「補償」。

日本的豐臣秀吉，因爲出生於貧賤的家庭，所以追求出身高貴的女性，也是因爲這種「補償」的心理。

因此，只要使自己的補償得到滿足，學歷有時候比美貌更能成爲女性的魅力。

△不可思議的稱讚效果

某日，A君上班的時候，課長難得的對他說：

「我昨天和B公司的C先生吃飯時，他對你的工作能力相當欣賞，一直誇獎你是難得的人才。爲什麼你在公司中，從沒有發揮出這種才華呢？」

當然，公司中的同事也都聽到課長的話。當一個大男人在他人的面前受到誇獎時，難免會不好意思，所以，A君的心中雖然非常高興，口中還是謙虛的說：「那裡，眞愧不敢當。」

過了不久，當A君和C先生見面時，心中自然湧出要好好表現的念頭。但是，A君並不是一個受到奉承便會得意忘形的人。

大部分的人只要受到誇獎，通常會表現出和A君一樣的態度，關於這點，我們可以由哈諾克的實驗得到證明。

哈諾克將一群小孩分爲統制群、稱讚群、叱責群與無視群四組，然後讓他們連續五天做加法的運算。

第一天，四組的平均分數並沒有很大的差異，但是第二天以後，四組的成績差距愈來愈明顯，其中以經常受到誇獎的一組成績最高。

稱讚群這組的小孩，由於心中有「自己是被期待的一群」的想法，所以，自然會湧出「自動自發去做」的心理。

像這種實驗的結果，應該不只是小孩子而已吧！

△休息之後的表現反而更出色

任職於某公司的A君，平時最討厭工作，他一直夢想著，不必工作也能有飯吃。有一天，他的願望終於實現了。

因爲他得了肝病，公司給他一年的病假，而且在休養的期間，照樣付給他薪水。此時，公司中的同事都異口同聲的說：「A君完了，等他出院後，可能更難有所作爲。」

一年後，A君出院了，他簡直和以前判若兩人，變成一位處事積極的職員。

他每天早出晚歸的工作，業績比其他人更爲出色，而上司也對他另眼看待，不久之後，他便得到升遷了。

每個人都會有自我表現的欲求，但是，他必須有一個奮鬥的目標，否則，這種欲求只會長眠於自己的心中。

本文中的A君，他因爲被隔離在醫院中，才使得自我表現的欲求甦醒，使他做任何事都能採取主動的精神。

一九二〇年時，日本的森田正馬應用這種心理，開發出一種稱爲「隔離療法」的心理療法。當一個人突然出現不想做事的念頭時，如果想讓他恢復原來的活力，與其不斷鼓勵他，不如完全不讓他做事。

如此一來，他在休息的過程中，便會從迷途中清醒過來，成爲一個充滿活力的人。

所以，A君在偶然的機會中，接受所謂的「隔離療法」，才使他脫胎換骨的變成另一個人。

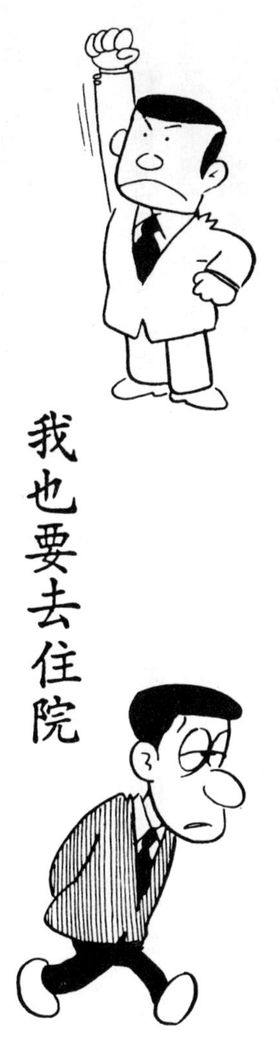

△不可思議的謊言

騙婚者經常使用的藉口是，「他是富翁的兒子」、「他是某名人的朋友」或「他在國外工作」等。這些話如果向不同的對象說，使衆人受騙還有話說，如果向同一對象說，且還受騙的話，則未免令人覺得不可思議。

例如，自稱是富家子的A君，他告訴某位女性說，他在家鄉有一塊廣大的山林地，只要將這塊地賣掉，一輩子都可以不愁吃穿。

但是，當這位女性要求前往參觀時，他立刻轉變話題說，某位知名度頗高的演藝人員，也曾經向他貸款過。

一個經常說謊的人，往往會失去朋友。以研究兒童心理聞名的金洛特說：「說謊的原因是害怕受到責罵，爲了尋求一個心理的避難所。」騙婚者的心理也是一樣，因爲不願意讓對方知道，自己沒有財產、沒有才華，所以才會說一個小小的謊言。後來，爲了怕謊言被拆穿，於是只好不斷地說謊。不過，善意的謊言是値得原諒的。

△反敗爲勝的關鍵

「今天球賽的先發投手，相當的不理想，因爲他前一場的表現實在太差了，使他的球隊輸給對方。或許他本人也因爲上次的失誤而失去自信心，敎練應該讓他多磨練才對，不知道爲什麼竟然指派他擔任投手。」

某電視公司轉播球賽的記者如此說。

然而這次的比賽，這位投手的表現實在是太完美了。使得該記者覺得不可思議，假如這位記者能夠知道「敎練在想什麼」，或許他便不會感到疑惑了。

敎練可能是想讓該名投手藉這次的比賽，好好反省上次失敗的原因，以及遇到強勁的對手時，應該怎麼處理。

這種做法在心理學上稱爲「過剩訂正」，是矯正、反省失敗最有效的方法。

△成功是經驗的累積

自從經濟高度成長以來，「大器晚成」這句話，現在已經很少聽到了。因為現今大部分的公司，已經沒有耐心去栽培一個新手，平白付出多年的薪水，等待他們的「晚成」。

目前，有許多具有「大器」，卻不是「晚成」的人，如何去發現這些人才，需要人事單位多留心觀察。例如，A君進入某公司後，從第一天開始，便經常因疏忽而犯錯，於是，上司決定先試用他三個月。

結果，他在公司待了一、二年，始終沒有出色的表現，此時，連上司都幾乎忘了他的存在。但是，從第三年開始，他突然嶄露頭角。除把業績做的有聲有色之外，也能有條不紊的處理各種事務。

因此，連其他公司都想以高薪挖角。

美國的心理學家奧茲拉，把人類的學習速度分為三種，最初學習速度很快，中途因失誤而減慢的；最初的學習雖然緩慢，但中途會減少失誤；以及從最初到最後都不會改變的形態。

第一種形態稱爲「緩慢學習者」，第二種形態稱爲「突如學習者」。

突如學習者的智商通常很高。最初學習緩慢的突如學習者，在失敗的過程當中，會把將來能夠運用的學習經驗予以累積，這種人可以說是不太「晚成」的「大器」。

△媳婦討厭婆婆的原因

有一位新婚不久的女性，回到娘家傷心的哭訴，原來，她是因爲婆婆擅於烹飪而感到困擾。由於她每次在厨房中作菜時，婆婆經常會指示的說：「魚應該是這樣洗才對」或「應該多加一點醋才好吃」等，站在婆婆的立場，她是爲了對可愛的媳婦表示親切，才會將自己的烹飪經驗傾囊相授。

美國的心理學家金洛特，在研究人類心理時，曾對一群母親做以下的問卷調查——「上午正在忙碌的時候，電話鈴響了，但卻吵醒了寶寶，使他一直哭個不停。而厨房中又傳來麵包烤焦的味道，此時，穿著睡衣的丈夫也出來了……」

在以上情形下，丈夫說的那一句話最爲中聽呢？

1.「妳到底在幹什麼，麵包什麼時候才能烤好。」

2.「妳要照顧小孩、聽電話，又要烤麵包給我吃，眞是辛苦妳了。」

3.「看吧，吐司又要烤焦了。」

結果發現，母親對於1.與3.，尤其是3.的回答感到最爲憤怒。

眞正聰明的婆婆，在媳婦尚未開口向妳請教以前，最好不要多管閒事，以免吃力不討好。

△熬夜可以得到好成績的不可思議心理

相信很多人在學生時代，都有過「開夜車」的經驗。這種考試臨時抱佛脚的經驗，至今仍令我懷念不已。

而且，這種熬夜的結果，往往能夠得到好成績，所以至今仍然有許多學生樂此不疲。

依據心理學家艾必格好斯的說法，這種機械式的記憶，在記憶之後會急速減退，而時間一久，減退的速度會緩慢下來。

這種由急速轉變爲緩慢的時間，大約是記憶後的九小時，同時，這段時期所保持的記憶，是當初的三分之一。

因此，在九個小時以內進行簡單的複習，最後記憶的保持率是相當高的。

這也是「開夜車」能得到好成績的主要原因。

△可以加强印象的名字

有些人爲了成名，往往會替自己取一個藝名或筆名。而且，只要這個名字比較特殊，通常都能留給大家深刻的印象。

反之，如果名字通俗，經常會讓人想不起他的長相。

同樣道理，假如我們畢業旅行時，一口氣參觀許多的名勝古蹟，到後來，會覺得自己到過的地方都非常類似，亦即記憶會產生混淆。

這種現象在心理學上稱爲「重疊效果」。

一般說來，獨特的事物比較能夠喚起印象，而類似的事物，經常會使記憶模糊。由於受到外部的刺激，會把事情留在腦海中的，心理學上稱爲「痕跡」，而類似的事物會使「痕跡」重疊，使記憶變得模糊不清。

假如自己的名字是相當普遍的，在自我介紹時，最好加上服務單位的名稱或比較特殊的地方，以加強他人對自己的印象。

△加強記憶的最佳方法

「祖先」、「宏道」、「淵源」、「恭儉」——這幾句話，在以前的日常生活中經常被使用，現在已經很少聽到了。

古時候，即使是掛著兩行鼻涕的小孩子，也必須背誦『三字經』，「人之初、性本善、性相近、習相遠、苟不教……」，回想起來，當時的確是一個很奇怪的時代。即使小孩子不懂文中所說的意思，依然要求他能順暢的背出文中的字句。

一位對研究記憶相當聞名的學者凱茲，曾經做了一個非常有趣的實驗。他把這個結果整理出來以後發現，無論是背文章或單字，假如讀的時間比記

的時間多四倍，得到的效率最高。換言之，以這種方式所能記憶的量，比只是讀要多出三倍以上。

一位非常討厭英語課的中學生，竟然能把英文流行歌曲的歌詞倒背如流，這是因爲經常由口中把英文唱出來所致。而且，萬一唱到中途忘記歌詞，只要稍爲給他一點提示或看一下歌詞，他便可以繼續唱，這點和實驗的結果非常符合。

害羞是中國人的民族性之一，因此，大部分的人都只是用眼睛看書，而不敢大聲唸出來。假如我們能培養大聲唸書的習慣，相信記憶量一定會大幅增加。據某位記憶力很強的電視記者說，他看書時，只要看到很重要的地方或必須記憶的部分，通常會將這段大聲的唸出來，結果通常都能很快地記起來。

各位讀者也不妨試試這個記憶方法。

△無法進步的原因

某位棒球選手在一九八〇年的表現特別優異，所以，報章雜誌經常刊載他的消息。但是，這一年期待進入職業棒球隊的選手，並不只是他一個人而已。

即使加入職業棒球隊，但始終無法留下令人滿意成績的選手，也比比皆是。雖然選手本身也想好好表現一番，但由於競爭激烈，想出人頭地並不容易。

心理學家布萊恩與哈達，經過一番探討之後發現，學習一種和自己意願毫無關係的技術，會產生一種停止進步的

「現象」，這種現象稱爲「熟悉的階級說」。亦即，技術並不會一直的往上升，一旦到達某個階段後，便會陷入一種稱爲「練習高原」的不振狀態。

而且，無論是多麼有才華的人，也無法避免這種現象的發生。假如能克服這種「現象」，那麼，進步將是指日可待的。

一位原本表現相當出色的棒球選手，自從進入職業棒球隊後，便一直待在B隊，這可以說是陷入一蹶不振的狀態。

假如教練因此認爲該名球員沒有存在的價值，而不設法幫助他渡過低潮期，則這名選手可能再也無法重振往日的雄風了。

△安樂椅可使心情平靜

某位八十高齡的董事長，由於身體非常健朗，所以對事情的要求仍然十分嚴格，有一天，他收到員工送給他的安樂椅（搖搖椅）。不久之後，這位董事長寫了一封致謝信說：

「我坐在這把椅子上，的確感到非常舒服，但這種椅子對我而言，好像是一把電椅。你們是否想讓我早一點死掉，所以才送我這把椅子。以上所說純屬玩笑，我仍然要感謝大家。」

員工看了這封信之後，都像是丈二金鋼一樣，摸不清董事長信中的意思。原來，這位董事長只要坐在安樂椅上，心情便會變得平靜，而呼呼

大睡，使得他喪失奮鬥的精神。

假如小孩一直哭鬧個不停，你只要把他放在安樂椅上，輕輕地搖幾下，他便會停止哭鬧而睡著。同理，成人一旦反覆受到單調而平穩的刺激，神經會獲得平靜，進而使全身的機能也得到安定。

本文中的老董事長，由於一天到晚都非常嘮叨，所以一位頭腦相當靈活的員工，才想到送他一把安樂椅，使董事長不再咄咄逼人。而本來就非常聰明的董事長，可能也體會到員工的用意，因此才寫了那封信吧！

有些人晚上經常睡不好，但一旦坐在車上，卻反而睡得著。而有些睡眠相當充足的人，只要車子在高速公路上行駛，也會磕睡連連。這或許是因爲車子單調的聲音與震動反覆出現，使我們產生一種舒適的感覺所致吧！

△有關責任的問題

最近，有許多母親紛紛跑到學校，要求老師矯正自己小孩的各種壞習慣。例如，「沒有禮貌」、「偏食」或「不喜歡讀書」等。

目前的學校教育是要把一個學生教育爲五育具備的人，但這並不是說，學生的一切行爲都必須由學校或老師負責。

美國的心理學家羅傑札克，把責任的分擔方法分成爲三種。其一是「內罰的反應型」，這種類型的人，是把一切的過錯都推到自己的頭上，容易神經衰弱。其二是「外罰的反應型」，這種人總是把過錯轉嫁給他人。其三是「非罰的反應型」，這種人會事先判斷，責任是在於自己或他人，然後再來決定責備的對象。第三者是最理想的形態，但是這種人少之又少。

至於其他的兩極論，可以由以後的教育或社會生活的經驗，逐漸改變爲「非罰的反應型」。

△不要任意欺負他人

一位經常受到A君欺負的高中生B君，有一天，竟然用球棒把A君活活打死。A君在班上是屬於一個老大型的學生，而B君則是非常內向的人，平時他受到欺負時，總是忍氣呑聲，所以，大家簡直無法想像，他會殺死B君。

雖然，B君無論是體力或氣力都無法勝過A君，但他因爲無法長期忍受A君的欺負，所以才憤而殺死對方。

每次發生類似的案件時，大家總無法想像爲什麼會發生這種問題。其實，這是一方爲求生存所採取的非常手段，亦即所謂的「狗急跳牆」，這種心理狀態在心理學上稱爲「欲求不滿攻擊理論」。

假如你因爲對方平時沒有任何反抗，便恣意欺負他人，很可能會遇到出乎意料之外的反擊，希望各位讀者能多加注意。

△小時了了，大未必佳

有人說：「十歲是神童，十五歲是才子，過了二十歲便成凡人。」最近，這種傾向似乎愈來愈強烈。有許多幼稚園的小孩，經常被送到各種的才藝班受訓。然而，這些小孩長大進入社會後，往往成爲一個身心相當疲憊不堪的人。

「將一個原本相當有才華的小孩，轉變成一個平庸的人，罪魁禍首可以說是，對教育小孩過度熱心的母親。」這是西德心理學家赫茲亞所說的。

依據赫茲亞長年的調查與研究，在二～五歲時具有強烈反抗意識的小孩，長大以後，多半會成爲一個意志堅強又具有判斷力的人。相反地，在這段期間表示乖順的小孩，通常會成長爲一個缺乏意志力與判斷力的青年。

從幼稚園的時期開始，對母親的話唯命是從，絲毫不敢淘氣，一天到晚只知道讀書的小孩，雖然學業成績一直名列前茅，但是等他成年後，卻往往會變成一個平庸的人。所以奉勸各位讀者，千萬不要過分干涉小孩的行動，適可而止的管教即可。

大展出版社有限公司	圖書目錄

地址：台北市北投區11204
致遠一路二段12巷1號
郵撥： 0166955～1
電話：(02) 8236031
8236033
傳眞：(02) 8272069

• 法律專欄連載 • 電腦編號 58

台大法學院 法律學系／策劃
法律服務社／編著

①別讓您的權利睡著了1	200元
②別讓您的權利睡著了2	200元

• 秘傳占卜系列 • 電腦編號 14

①手相術	淺野八郎著	150元
②人相術	淺野八郎著	150元
③西洋占星術	淺野八郎著	150元
④中國神奇占卜	淺野八郎著	150元
⑤夢判斷	淺野八郎著	150元
⑥前世、來世占卜	淺野八郎著	150元
⑦法國式血型學	淺野八郎著	150元
⑧靈感、符咒學	淺野八郎著	150元
⑨紙牌占卜學	淺野八郎著	150元
⑩ＥＳＰ超能力占卜	淺野八郎著	150元
⑪猶太數的秘術	淺野八郎著	150元
⑫新心理測驗	淺野八郎著	160元
⑬塔羅牌預言秘法	淺野八郎著	200元

• 趣味心理講座 • 電腦編號 15

①性格測驗１	探索男與女	淺野八郎著	140元
②性格測驗２	透視人心奧秘	淺野八郎著	140元
③性格測驗３	發現陌生的自己	淺野八郎著	140元
④性格測驗４	發現你的真面目	淺野八郎著	140元
⑤性格測驗５	讓你們吃驚	淺野八郎著	140元
⑥性格測驗６	洞穿心理盲點	淺野八郎著	140元
⑦性格測驗７	探索對方心理	淺野八郎著	140元
⑧性格測驗８	由吃認識自己	淺野八郎著	140元

⑨性格測驗9　戀愛知多少　淺野八郎著　160元
⑩性格測驗10　由裝扮瞭解人心　淺野八郎著　160元
⑪性格測驗11　敲開內心玄機　淺野八郎著　140元
⑫性格測驗12　透視你的未來　淺野八郎著　140元
⑬血型與你的一生　淺野八郎著　160元
⑭趣味推理遊戲　淺野八郎著　160元
⑮行爲語言解析　淺野八郎著　160元

·婦 幼 天 地·電腦編號16

①八萬人減肥成果　黃靜香譯　180元
②三分鐘減肥體操　楊鴻儒譯　150元
③窈窕淑女美髮秘訣　柯素娥譯　130元
④使妳更迷人　成　玉譯　130元
⑤女性的更年期　官舒妍編譯　160元
⑥胎內育兒法　李玉瓊編譯　150元
⑦早產兒袋鼠式護理　唐岱蘭譯　200元
⑧初次懷孕與生產　婦幼天地編譯組　180元
⑨初次育兒12個月　婦幼天地編譯組　180元
⑩斷乳食與幼兒食　婦幼天地編譯組　180元
⑪培養幼兒能力與性向　婦幼天地編譯組　180元
⑫培養幼兒創造力的玩具與遊戲　婦幼天地編譯組　180元
⑬幼兒的症狀與疾病　婦幼天地編譯組　180元
⑭腿部苗條健美法　婦幼天地編譯組　180元
⑮女性腰痛別忽視　婦幼天地編譯組　150元
⑯舒展身心體操術　李玉瓊編譯　130元
⑰三分鐘臉部體操　趙薇妮著　160元
⑱生動的笑容表情術　趙薇妮著　160元
⑲心曠神怡減肥法　川津祐介著　130元
⑳內衣使妳更美麗　陳玄茹譯　130元
㉑瑜伽美姿美容　黃靜香編著　150元
㉒高雅女性裝扮學　陳珮玲譯　180元
㉓蠶糞肌膚美顏法　坂梨秀子著　160元
㉔認識妳的身體　李玉瓊譯　160元
㉕產後恢復苗條體態　居理安·芙萊喬著　200元
㉖正確護髮美容法　山崎伊久江著　180元
㉗安琪拉美姿養生學　安琪拉蘭斯博瑞著　180元
㉘女體性醫學剖析　增田豐著　220元
㉙懷孕與生產剖析　岡部綾子著　180元
㉚斷奶後的健康育兒　東城百合子著　220元
㉛引出孩子幹勁的責罵藝術　多湖輝著　170元

㉜培養孩子獨立的藝術	多湖輝著	170元
㉝子宮肌瘤與卵巢囊腫	陳秀琳編著	180元
㉞下半身減肥法	納他夏・史達賓著	180元
㉟女性自然美容法	吳雅菁編著	180元
㊱再也不發胖	池園悅太郎著	170元
㊲生男生女控制術	中垣勝裕著	220元
㊳使妳的肌膚更亮麗	楊　皓編著	170元
㊴臉部輪廓變美	芝崎義夫著	180元
㊵斑點、皺紋自己治療	高須克彌著	180元
㊶面皰自己治療	伊藤雄康著	180元
㊷隨心所欲瘦身冥想法	原久子著	180元
㊸胎兒革命	鈴木丈織著	180元
㊹NS磁氣平衡法塑造窈窕奇蹟	古屋和江著	180元

・青 春 天 地・電腦編號 17

①A血型與星座	柯素娥編譯	160元
②B血型與星座	柯素娥編譯	160元
③O血型與星座	柯素娥編譯	160元
④AB血型與星座	柯素娥編譯	120元
⑤青春期性教室	呂貴嵐編譯	130元
⑥事半功倍讀書法	王毅希編譯	150元
⑦難解數學破題	宋釗宜編譯	130元
⑧速算解題技巧	宋釗宜編譯	130元
⑨小論文寫作秘訣	林顯茂編譯	120元
⑪中學生野外遊戲	熊谷康編著	120元
⑫恐怖極短篇	柯素娥編譯	130元
⑬恐怖夜話	小毛驢編譯	130元
⑭恐怖幽默短篇	小毛驢編譯	120元
⑮黑色幽默短篇	小毛驢編譯	120元
⑯靈異怪談	小毛驢編譯	130元
⑰錯覺遊戲	小毛驢編譯	130元
⑱整人遊戲	小毛驢編著	150元
⑲有趣的超常識	柯素娥編譯	130元
⑳哦！原來如此	林慶旺編譯	130元
㉑趣味競賽100種	劉名揚編譯	120元
㉒數學謎題入門	宋釗宜編譯	150元
㉓數學謎題解析	宋釗宜編譯	150元
㉔透視男女心理	林慶旺編譯	120元
㉕少女情懷的自白	李桂蘭編譯	120元
㉖由兄弟姊妹看命運	李玉瓊編譯	130元

㉗趣味的科學魔術	林慶旺編譯	150元
㉘趣味的心理實驗室	李燕玲編譯	150元
㉙愛與性心理測驗	小毛驢編譯	130元
㉚刑案推理解謎	小毛驢編譯	130元
㉛偵探常識推理	小毛驢編譯	130元
㉜偵探常識解謎	小毛驢編譯	130元
㉝偵探推理遊戲	小毛驢編譯	130元
㉞趣味的超魔術	廖玉山編著	150元
㉟趣味的珍奇發明	柯素娥編著	150元
㊱登山用具與技巧	陳瑞菊編著	150元

・健 康 天 地・電腦編號 18

①壓力的預防與治療	柯素娥編譯	130元
②超科學氣的魔力	柯素娥編譯	130元
③尿療法治病的神奇	中尾良一著	130元
④鐵證如山的尿療法奇蹟	廖玉山譯	120元
⑤一日斷食健康法	葉慈容編譯	150元
⑥胃部強健法	陳炳崑譯	120元
⑦癌症早期檢查法	廖松濤譯	160元
⑧老人痴呆症防止法	柯素娥編譯	130元
⑨松葉汁健康飲料	陳麗芬編譯	130元
⑩揉肚臍健康法	永井秋夫著	150元
⑪過勞死、猝死的預防	卓秀貞編譯	130元
⑫高血壓治療與飲食	藤山順豐著	150元
⑬老人看護指南	柯素娥編譯	150元
⑭美容外科淺談	楊啟宏著	150元
⑮美容外科新境界	楊啟宏著	150元
⑯鹽是天然的醫生	西英司郎著	140元
⑰年輕十歲不是夢	梁瑞麟譯	200元
⑱茶料理治百病	桑野和民著	180元
⑲綠茶治病寶典	桑野和民著	150元
⑳杜仲茶養顏減肥法	西田博著	150元
㉑蜂膠驚人療效	瀨長良三郎著	180元
㉒蜂膠治百病	瀨長良三郎著	180元
㉓醫藥與生活	鄭炳全著	180元
㉔鈣長生寶典	落合敏著	180元
㉕大蒜長生寶典	木下繁太郎著	160元
㉖居家自我健康檢查	石川恭三著	160元
㉗永恒的健康人生	李秀鈴譯	200元
㉘大豆卵磷脂長生寶典	劉雪卿譯	150元

㉙芳香療法	梁艾琳譯	160元
㉚醋長生寶典	柯素娥譯	180元
㉛從星座透視健康	席拉・吉蒂斯著	180元
㉜愉悅自在保健學	野本二士夫著	160元
㉝裸睡健康法	丸山淳士等著	160元
㉞糖尿病預防與治療	藤田順豐著	180元
㉟維他命長生寶典	菅原明子著	180元
㊱維他命C新效果	鐘文訓編	150元
㊲手、腳病理按摩	堤芳朗著	160元
㊳AIDS瞭解與預防	彼得塔歇爾著	180元
㊴甲殼質殼聚糖健康法	沈永嘉譯	160元
㊵神經痛預防與治療	木下眞男著	160元
㊶室內身體鍛鍊法	陳炳崑編著	160元
㊷吃出健康藥膳	劉大器編著	180元
㊸自我指壓術	蘇燕謀編著	160元
㊹紅蘿蔔汁斷食療法	李玉瓊編著	150元
㊺洗心術健康秘法	竺翠萍編譯	170元
㊻枇杷葉健康療法	柯素娥編譯	180元
㊼抗衰血癒	楊啟宏著	180元
㊽與癌搏鬥記	逸見政孝著	180元
㊾冬蟲夏草長生寶典	高橋義博著	170元
㊿痔瘡・大腸疾病先端療法	宮島伸宜著	180元
51膠布治癒頑固慢性病	加瀨建造著	180元
52芝麻神奇健康法	小林貞作著	170元
53香煙能防止癡呆？	高田明和著	180元
54穀菜食治癌療法	佐藤成志著	180元
55貼藥健康法	松原英多著	180元
56克服癌症調和道呼吸法	帶津良一著	180元
57Ｂ型肝炎預防與治療	野村喜重郎著	180元
58青春永駐養生導引術	早島正雄著	180元
59改變呼吸法創造健康	原久子著	180元
60荷爾蒙平衡養生秘訣	出村博著	180元
61水美肌健康法	井戶勝富著	170元
62認識食物掌握健康	廖梅珠編著	170元
63痛風劇痛消除法	鈴木吉彥著	180元
64酸莖菌驚人療效	上田明彥著	180元
65大豆卵磷脂治現代病	神津健一著	200元
66時辰療法——危險時刻凌晨4時	呂建強等著	180元
67自然治癒力提升法	帶津良一著	180元
68巧妙的氣保健法	藤平墨子著	180元
69治癒Ｃ型肝炎	熊田博光著	180元

⑳肝臟病預防與治療　劉名揚編著　180元
㉑腰痛平衡療法　荒井政信著　180元
㉒根治多汗症、狐臭　稻葉益巳著　220元
㉓40歲以後的骨質疏鬆症　沈永嘉譯　180元
㉔認識中藥　松下一成著　180元
㉕認識氣的科學　佐佐木茂美著　180元
㉖我戰勝了癌症　安田伸著　180元
㉗斑點是身心的危險信號　中野進著　180元
㉘艾波拉病毒大震撼　玉川重德著　180元
㉙重新還我黑髮　桑名隆一郎著　180元
㉚身體節律與健康　林博史著　180元
㉛生薑治萬病　石原結實著　180元

•實用女性學講座•電腦編號 19

①解讀女性內心世界　島田一男著　150元
②塑造成熟的女性　島田一男著　150元
③女性整體裝扮學　黃靜香編著　180元
④女性應對禮儀　黃靜香編著　180元
⑤女性婚前必修　小野十傳著　200元
⑥徹底瞭解女人　田口二州著　180元
⑦拆穿女性謊言88招　島田一男著　200元
⑧解讀女人心　島田一男著　200元

•校 園 系 列•電腦編號 20

①讀書集中術　多湖輝著　150元
②應考的訣竅　多湖輝著　150元
③輕鬆讀書贏得聯考　多湖輝著　150元
④讀書記憶秘訣　多湖輝著　150元
⑤視力恢復！超速讀術　江錦雲譯　180元
⑥讀書36計　黃柏松編著　180元
⑦驚人的速讀術　鐘文訓編著　170元
⑧學生課業輔導良方　多湖輝著　180元
⑨超速讀超記憶法　廖松濤編著　180元
⑩速算解題技巧　宋釗宜編著　200元
⑪看圖學英文　陳炳崑編著　200元

•實用心理學講座•電腦編號 21

①拆穿欺騙伎倆　多湖輝著　140元

②創造好構想	多湖輝著	140元
③面對面心理術	多湖輝著	160元
④僞裝心理術	多湖輝著	140元
⑤透視人性弱點	多湖輝著	140元
⑥自我表現術	多湖輝著	180元
⑦不可思議的人性心理	多湖輝著	150元
⑧催眠術入門	多湖輝著	150元
⑨責罵部屬的藝術	多湖輝著	150元
⑩精神力	多湖輝著	150元
⑪厚黑說服術	多湖輝著	150元
⑫集中力	多湖輝著	150元
⑬構想力	多湖輝著	150元
⑭深層心理術	多湖輝著	160元
⑮深層語言術	多湖輝著	160元
⑯深層說服術	多湖輝著	180元
⑰掌握潛在心理	多湖輝著	160元
⑱洞悉心理陷阱	多湖輝著	180元
⑲解讀金錢心理	多湖輝著	180元
⑳拆穿語言圈套	多湖輝著	180元
㉑語言的內心玄機	多湖輝著	180元

•超現實心理講座•電腦編號 22

①超意識覺醒法	詹蔚芬編譯	130元
②護摩秘法與人生	劉名揚編譯	130元
③秘法！超級仙術入門	陸　明譯	150元
④給地球人的訊息	柯素娥編著	150元
⑤密教的神通力	劉名揚編著	130元
⑥神秘奇妙的世界	平川陽一著	180元
⑦地球文明的超革命	吳秋嬌譯	200元
⑧力量石的秘密	吳秋嬌譯	180元
⑨超能力的靈異世界	馬小莉譯	200元
⑩逃離地球毀滅的命運	吳秋嬌譯	200元
⑪宇宙與地球終結之謎	南山宏著	200元
⑫驚世奇功揭秘	傅起鳳著	200元
⑬啟發身心潛力心象訓練法	栗田昌裕著	180元
⑭仙道術遁甲法	高藤聰一郎著	220元
⑮神通力的秘密	中岡俊哉著	180元
⑯仙人成仙術	高藤聰一郎著	200元
⑰仙道符咒氣功法	高藤聰一郎著	220元
⑱仙道風水術尋龍法	高藤聰一郎著	200元

⑲仙道奇蹟超幻像　高藤聰一郎著　200元
⑳仙道鍊金術房中法　高藤聰一郎著　200元
㉑奇蹟超醫療治癒難病　深野一幸著　220元
㉒揭開月球的神秘力量　超科學研究會　180元
㉓西藏密教奧義　高藤聰一郎著　250元

・養 生 保 健・電腦編號 23

①醫療養生氣功　黃孝寬著　250元
②中國氣功圖譜　余功保著　230元
③少林醫療氣功精粹　井玉蘭著　250元
④龍形實用氣功　吳大才等著　220元
⑤魚戲增視強身氣功　宮　嬰著　220元
⑥嚴新氣功　前新培金著　250元
⑦道家玄牝氣功　張　章著　200元
⑧仙家秘傳袪病功　李遠國著　160元
⑨少林十大健身功　秦慶豐著　180元
⑩中國自控氣功　張明武著　250元
⑪醫療防癌氣功　黃孝寬著　250元
⑫醫療強身氣功　黃孝寬著　250元
⑬醫療點穴氣功　黃孝寬著　250元
⑭中國八卦如意功　趙維漢著　180元
⑮正宗馬禮堂養氣功　馬禮堂著　420元
⑯秘傳道家筋經內丹功　王慶餘著　280元
⑰三元開慧功　辛桂林著　250元
⑱防癌治癌新氣功　郭　林著　180元
⑲禪定與佛家氣功修煉　劉天君著　200元
⑳顛倒之術　梅自強著　360元
㉑簡明氣功辭典　吳家駿編　360元
㉒八卦三合功　張全亮著　230元
㉓朱砂掌健身養生功　楊　永著　250元
㉔抗老功　陳九鶴著　230元

・社會人智囊・電腦編號 24

①糾紛談判術　清水增三著　160元
②創造關鍵術　淺野八郎著　150元
③觀人術　淺野八郎著　180元
④應急詭辯術　廖英迪編著　160元
⑤天才家學習術　木原武一著　160元
⑥猫型狗式鑑人術　淺野八郎著　180元

⑦逆轉運掌握術　淺野八郎著　180元
⑧人際圓融術　澀谷昌三著　160元
⑨解讀人心術　淺野八郎著　180元
⑩與上司水乳交融術　秋元隆司著　180元
⑪男女心態定律　小田晉著　180元
⑫幽默說話術　林振輝編著　200元
⑬人能信賴幾分　淺野八郎著　180元
⑭我一定能成功　李玉瓊譯　180元
⑮獻給青年的嘉言　陳蒼杰譯　180元
⑯知人、知面、知其心　林振輝編著　180元
⑰塑造堅強的個性　坂上肇著　180元
⑱爲自己而活　佐藤綾子著　180元
⑲未來十年與愉快生活有約　船井幸雄著　180元
⑳超級銷售話術　杜秀卿譯　180元
㉑感性培育術　黃靜香編著　180元
㉒公司新鮮人的禮儀規範　蔡媛惠譯　180元
㉓傑出職員鍛鍊術　佐佐木正著　180元
㉔面談獲勝戰略　李芳黛譯　180元
㉕金玉良言撼人心　森純大著　180元
㉖男女幽默趣典　劉華亭編著　180元
㉗機智說話術　劉華亭編著　180元
㉘心理諮商室　柯素娥譯　180元
㉙如何在公司頭角崢嶸　佐佐木正著　180元
㉚機智應對術　李玉瓊編著　200元
㉛克服低潮良方　坂野雄二著　180元
㉜智慧型說話技巧　沈永嘉編著　元
㉝記憶力、集中力增進術　廖松濤編著　180元

•精 選 系 列• 電腦編號25

①毛澤東與鄧小平　渡邊利夫等著　280元
②中國大崩裂　江戶介雄著　180元
③台灣•亞洲奇蹟　上村幸治著　220元
④7-ELEVEN高盈收策略　國友隆一著　180元
⑤台灣獨立　森　詠著　200元
⑥迷失中國的末路　江戶雄介著　220元
⑦2000年5月全世界毀滅　紫藤甲子男著　180元
⑧失去鄧小平的中國　小島朋之著　220元
⑨世界史爭議性異人傳　桐生操著　200元
⑩淨化心靈享人生　松濤弘道著　220元
⑪人生心情診斷　賴藤和寬著　220元

⑫中美大決戰　檜山艮昭著　220元

・運動遊戲・電腦編號 26

①雙人運動　李玉瓊譯　160元
②愉快的跳繩運動　廖玉山譯　180元
③運動會項目精選　王佑京譯　150元
④肋木運動　廖玉山譯　150元
⑤測力運動　王佑宗譯　150元

・休閒娛樂・電腦編號 27

①海水魚飼養法　田中智浩著　300元
②金魚飼養法　曾雪玫譯　250元
③熱門海水魚　毛利匡明著　480元
④愛犬的教養與訓練　池田好雄著　250元

・銀髮族智慧學・電腦編號 28

①銀髮六十樂逍遙　多湖輝著　170元
②人生六十反年輕　多湖輝著　170元
③六十歲的決斷　多湖輝著　170元

・飲食保健・電腦編號 29

①自己製作健康茶　大海淳著　220元
②好吃、具藥效茶料理　德永睦子著　220元
③改善慢性病健康藥草茶　吳秋嬌譯　200元
④藥酒與健康果菜汁　成玉編著　250元

・家庭醫學保健・電腦編號 30

①女性醫學大全　雨森艮彥著　380元
②初爲人父育兒寶典　小瀧周曹著　220元
③性活力強健法　相建華著　220元
④30歲以上的懷孕與生產　李芳黛編著　220元
⑤舒適的女性更年期　野末悅子著　200元
⑥夫妻前戲的技巧　笠井寬司著　200元
⑦病理足穴按摩　金慧明著　220元
⑧爸爸的更年期　河野孝旺著　200元
⑨橡皮帶健康法　山田晶著　200元

⑩33天健美減肥　相建華等著　180元
⑪男性健美入門　孫玉祿編著　180元
⑫強化肝臟秘訣　主婦の友社編　200元
⑬了解藥物副作用　張果馨譯　200元
⑭女性醫學小百科　松山榮吉著　200元
⑮左轉健康秘訣　龜田修等著　200元
⑯實用天然藥物　鄭炳全編著　260元
⑰神秘無痛平衡療法　林宗駛著　180元
⑱膝蓋健康法　張果馨譯　180元

•心靈雅集• 電腦編號 00

①禪言佛語看人生　松濤弘道著　180元
②禪密教的奧秘　葉逯謙譯　120元
③觀音大法力　田口日勝著　120元
④觀音法力的大功德　田口日勝著　120元
⑤達摩禪106智慧　劉華亭編譯　220元
⑥有趣的佛教研究　葉逯謙編譯　170元
⑦夢的開運法　蕭京凌譯　130元
⑧禪學智慧　柯素娥編譯　130元
⑨女性佛教入門　許俐萍譯　110元
⑩佛像小百科　心靈雅集編譯組　130元
⑪佛教小百科趣談　心靈雅集編譯組　120元
⑫佛教小百科漫談　心靈雅集編譯組　150元
⑬佛教知識小百科　心靈雅集編譯組　150元
⑭佛學名言智慧　松濤弘道著　220元
⑮釋迦名言智慧　松濤弘道著　220元
⑯活人禪　平田精耕著　120元
⑰坐禪入門　柯素娥編譯　150元
⑱現代禪悟　柯素娥編譯　130元
⑲道元禪師語錄　心靈雅集編譯組　130元
⑳佛學經典指南　心靈雅集編譯組　130元
㉑何謂「生」　阿含經　心靈雅集編譯組　150元
㉒一切皆空　般若心經　心靈雅集編譯組　150元
㉓超越迷惘　法句經　心靈雅集編譯組　130元
㉔開拓宇宙觀　華嚴經　心靈雅集編譯組　180元
㉕真實之道　法華經　心靈雅集編譯組　130元
㉖自由自在　涅槃經　心靈雅集編譯組　130元
㉗沈默的教示　維摩經　心靈雅集編譯組　150元
㉘開通心眼　佛語佛戒　心靈雅集編譯組　130元
㉙揭秘寶庫　密教經典　心靈雅集編譯組　180元

㉚坐禪與養生	廖松濤譯	110元
㉛釋尊十戒	柯素娥編譯	120元
㉜佛法與神通	劉欣如編著	120元
㉝悟（正法眼藏的世界）	柯素娥編譯	120元
㉞只管打坐	劉欣如編著	120元
㉟喬答摩・佛陀傳	劉欣如編著	120元
㊱唐玄奘留學記	劉欣如編著	120元
㊲佛教的人生觀	劉欣如編譯	110元
㊳無門關（上卷）	心靈雅集編譯組	150元
㊴無門關（下卷）	心靈雅集編譯組	150元
㊵業的思想	劉欣如編著	130元
㊶佛法難學嗎	劉欣如著	140元
㊷佛法實用嗎	劉欣如著	140元
㊸佛法殊勝嗎	劉欣如著	140元
㊹因果報應法則	李常傳編	180元
㊺佛教醫學的奧秘	劉欣如編著	150元
㊻紅塵絕唱	海　若著	130元
㊼佛教生活風情	洪丕謨、姜玉珍著	220元
㊽行住坐臥有佛法	劉欣如著	160元
㊾起心動念是佛法	劉欣如著	160元
㊿四字禪語	曹洞宗青年會	200元
51妙法蓮華經	劉欣如編著	160元
52根本佛教與大乘佛教	葉作森編	180元
53大乘佛經	定方晟著	180元
54須彌山與極樂世界	定方晟著	180元
55阿闍世的悟道	定方晟著	180元
56金剛經的生活智慧	劉欣如著	180元

・經 營 管 理・電腦編號 01

◎創新經營管理六十六大計（精）	蔡弘文編	780元
①如何獲取生意情報	蘇燕謀譯	110元
②經濟常識問答	蘇燕謀譯	130元
④台灣商戰風雲錄	陳中雄著	120元
⑤推銷大王秘錄	原一平著	180元
⑥新創意・賺大錢	王家成譯	90元
⑦工廠管理新手法	琪　輝著	120元
⑨經營參謀	柯順隆譯	120元
⑩美國實業24小時	柯順隆譯	80元
⑪撼動人心的推銷法	原一平著	150元
⑫高竿經營法	蔡弘文編	120元

⑬如何掌握顧客	柯順隆譯	150元
⑭一等一賺錢策略	蔡弘文編	120元
⑯成功經營妙方	鐘文訓著	120元
⑰一流的管理	蔡弘文編	150元
⑱外國人看中韓經濟	劉華亭譯	150元
⑳突破商場人際學	林振輝編著	90元
㉑無中生有術	琪輝編著	140元
㉒如何使女人打開錢包	林振輝編著	100元
㉓操縱上司術	邑井操著	90元
㉔小公司經營策略	王嘉誠著	160元
㉕成功的會議技巧	鐘文訓編譯	100元
㉖新時代老闆學	黃柏松編著	100元
㉗如何創造商場智囊團	林振輝編譯	150元
㉘十分鐘推銷術	林振輝編譯	180元
㉙五分鐘育才	黃柏松編譯	100元
㉚成功商場戰術	陸明編譯	100元
㉛商場談話技巧	劉華亭編譯	120元
㉜企業帝王學	鐘文訓譯	90元
㉝自我經濟學	廖松濤編譯	100元
㉞一流的經營	陶田生編著	120元
㉟女性職員管理術	王昭國編譯	120元
㊱ＩＢＭ的人事管理	鐘文訓編譯	150元
㊲現代電腦常識	王昭國編譯	150元
㊳電腦管理的危機	鐘文訓編譯	120元
㊴如何發揮廣告效果	王昭國編譯	150元
㊵最新管理技巧	王昭國編譯	150元
㊶一流推銷術	廖松濤編譯	150元
㊷包裝與促銷技巧	王昭國編譯	130元
㊸企業王國指揮塔	松下幸之助著	120元
㊹企業精銳兵團	松下幸之助著	120元
㊺企業人事管理	松下幸之助著	100元
㊻華僑經商致富術	廖松濤編譯	130元
㊼豐田式銷售技巧	廖松濤編譯	180元
㊽如何掌握銷售技巧	王昭國編著	130元
㊿洞燭機先的經營	鐘文訓編譯	150元
52新世紀的服務業	鐘文訓編譯	100元
53成功的領導者	廖松濤編譯	120元
54女推銷員成功術	李玉瓊編譯	130元
55ＩＢＭ人才培育術	鐘文訓編譯	100元
56企業人自我突破法	黃琪輝編著	150元
58財富開發術	蔡弘文編著	130元

㊾成功的店舖設計	鐘文訓編著	150元
㊶企管回春法	蔡弘文編著	130元
㊷小企業經營指南	鐘文訓編譯	100元
㊸商場致勝名言	鐘文訓編譯	150元
㊹迎接商業新時代	廖松濤編譯	100元
㊻新手股票投資入門	何朝乾　編	200元
㊼上揚股與下跌股	何朝乾編譯	180元
㊽股票速成學	何朝乾編譯	200元
㊾理財與股票投資策略	黃俊豪編著	180元
⑦黃金投資策略	黃俊豪編著	180元
⑦厚黑管理學	廖松濤編譯	180元
⑦股市致勝格言	呂梅莎編譯	180元
⑦透視西武集團	林谷燁編譯	150元
⑦巡迴行銷術	陳蒼杰譯	150元
⑦推銷的魔術	王嘉誠譯	120元
⑦60秒指導部屬	周蓮芬編譯	150元
⑦精銳女推銷員特訓	李玉瓊編譯	130元
⑧企劃、提案、報告圖表的技巧	鄭　汶　譯	180元
⑧海外不動產投資	許達守編譯	150元
⑧八百件的世界策略	李玉瓊譯	150元
⑧服務業品質管理	吳宜芬譯	180元
⑧零庫存銷售	黃東謙編譯	150元
⑧三分鐘推銷管理	劉名揚編譯	150元
⑧推銷大王奮鬥史	原一平著	150元
⑧豐田汽車的生產管理	林谷燁編譯	150元

・成功寶庫・電腦編號 02

①上班族交際術	江森滋著	100元
②拍馬屁訣竅	廖玉山編譯	110元
④聽話的藝術	歐陽輝編譯	110元
⑨求職轉業成功術	陳　義編著	110元
⑩上班族禮儀	廖玉山編著	120元
⑪接近心理學	李玉瓊編著	100元
⑫創造自信的新人生	廖松濤編著	120元
⑭上班族如何出人頭地	廖松濤編著	100元
⑮神奇瞬間瞑想法	廖松濤編譯	100元
⑯人生成功之鑰	楊意苓編著	150元
⑲給企業人的諍言	鐘文訓編著	120元
⑳企業家自律訓練法	陳　義編譯	100元
㉑上班族妖怪學	廖松濤編著	100元

㉒猶太人縱橫世界的奇蹟	孟佑政編著	110元
㉓訪問推銷術	黃靜香編著	130元
㉕你是上班族中強者	嚴思圖編著	100元
㉖向失敗挑戰	黃靜香編著	100元
㉚成功頓悟100則	蕭京凌編譯	130元
㉛掌握好運100則	蕭京凌編譯	110元
㉜知性幽默	李玉瓊編譯	130元
㉝熟記對方絕招	黃靜香編譯	100元
㉞男性成功秘訣	陳蒼杰編譯	130元
㊱業務員成功秘方	李玉瓊編著	120元
㊲察言觀色的技巧	劉華亭編著	180元
㊳一流領導力	施義彥編譯	120元
㊴一流說服力	李玉瓊編著	130元
㊵30秒鐘推銷術	廖松濤編譯	150元
㊶猶太成功商法	周蓮芬編譯	120元
㊷尖端時代行銷策略	陳蒼杰編著	100元
㊸顧客管理學	廖松濤編著	100元
㊹如何使對方說Yes	程　羲編著	150元
㊺如何提高工作效率	劉華亭編著	150元
㊼上班族口才學	楊鴻儒譯	120元
㊽上班族新鮮人須知	程　羲編著	120元
㊾如何左右逢源	程　羲編著	130元
㊿語言的心理戰	多湖輝著	130元
(51)扣人心弦演說術	劉名揚編著	120元
(55)性惡企業管理學	陳蒼杰譯	130元
(56)自我啟發200招	楊鴻儒編著	150元
(57)做個傑出女職員	劉名揚編著	130元
(58)靈活的集團營運術	楊鴻儒編著	120元
(60)個案研究活用法	楊鴻儒編著	130元
(61)企業教育訓練遊戲	楊鴻儒編著	120元
(62)管理者的智慧	程　義編譯	130元
(63)做個佼佼管理者	馬筱莉編譯	130元
(66)活用佛學於經營	松濤弘道著	150元
(67)活用禪學於企業	柯素娥編譯	130元
(68)詭辯的智慧	沈永嘉編譯	150元
(69)幽默詭辯術	廖玉山編譯	150元
(70)拿破崙智慧箴言	柯素娥編譯	130元
(71)自我培育・超越	蕭京凌編譯	150元
(74)時間即一切	沈永嘉編譯	130元
(75)自我脫胎換骨	柯素娥譯	150元
(76)贏在起跑點—人才培育鐵則	楊鴻儒編譯	150元

⑺做一枚活棋	李玉瓊編譯	130元
⑻面試成功戰略	柯素娥編譯	130元
⑼自我介紹與社交禮儀	柯素娥編譯	150元
⑽說NO的技巧	廖玉山編譯	130元
⑾瞬間攻破心防法	廖玉山編譯	120元
⑿改變一生的名言	李玉瓊編譯	130元
⒀性格性向創前程	楊鴻儒編譯	130元
⒁訪問行銷新竅門	廖玉山編譯	150元
⒂無所不達的推銷話術	李玉瓊編譯	150元

・處 世 智 慧・電腦編號 03

①如何改變你自己	陸明編譯	120元
⑥靈感成功術	譚繼山編譯	80元
⑧扭轉一生的五分鐘	黃柏松編譯	100元
⑩現代人的詭計	林振輝譯	100元
⑫如何利用你的時間	蘇遠謀譯	80元
⑬口才必勝術	黃柏松編譯	120元
⑭女性的智慧	譚繼山編譯	90元
⑮如何突破孤獨	張文志編譯	80元
⑯人生的體驗	陸明編譯	80元
⑰微笑社交術	張芳明譯	90元
⑱幽默吹牛術	金子登著	90元
⑲攻心說服術	多湖輝著	100元
⑳當機立斷	陸明編譯	70元
㉑勝利者的戰略	宋恩臨編譯	80元
㉒如何交朋友	安紀芳編著	70元
㉓鬥智奇謀（諸葛孔明兵法）	陳炳崑著	70元
㉔慧心良言	亦　奇著	80元
㉕名家慧語	蔡逸鴻主編	90元
㉗稱霸者啟示金言	黃柏松編譯	90元
㉘如何發揮你的潛能	陸明編譯	90元
㉙女人身態語言學	李常傳譯	130元
㉚摸透女人心	張文志譯	90元
㉛現代戀愛秘訣	王家成譯	70元
㉜給女人的悄悄話	妮倩編譯	90元
㉞如何開拓快樂人生	陸明編譯	90元
㉟驚人時間活用法	鐘文訓譯	80元
㊱成功的捷徑	鐘文訓譯	70元
㊲幽默逗笑術	林振輝著	120元
㊳活用血型讀書法	陳炳崑譯	80元

㊴心　燈	葉于模著	100元
㊵當心受騙	林顯茂譯	90元
㊶心・體・命運	蘇燕謀譯	70元
㊷如何使頭腦更敏銳	陸明編譯	70元
㊸宮本武藏五輪書金言錄	宮本武藏著	100元
㊺勇者的智慧	黃柏松編譯	80元
㊼成熟的愛	林振輝譯	120元
㊽現代女性駕馭術	蔡德華著	90元
㊾禁忌遊戲	酒井潔著	90元
52摸透男人心	劉華亭編譯	80元
53如何達成願望	謝世輝著	90元
54創造奇蹟的「想念法」	謝世輝著	90元
55創造成功奇蹟	謝世輝著	90元
57幻想與成功	廖松濤譯	80元
58反派角色的啟示	廖松濤編譯	70元
59現代女性須知	劉華亭編著	75元
62如何突破內向	姜倩怡編譯	110元
64讀心術入門	王家成編譯	100元
65如何解除內心壓力	林美羽編著	110元
66取信於人的技巧	多湖輝著	110元
67如何培養堅強的自我	林美羽編著	90元
68自我能力的開拓	卓一凡編著	110元
70縱橫交涉術	嚴思圖編著	90元
71如何培養妳的魅力	劉文珊編著	90元
72魅力的力量	姜倩怡編著	90元
75個性膽怯者的成功術	廖松濤編譯	100元
76人性的光輝	文可式編著	90元
79培養靈敏頭腦秘訣	廖玉山編著	90元
80夜晚心理術	鄭秀美編譯	80元
81如何做個成熟的女性	李玉瓊編著	80元
82現代女性成功術	劉文珊編著	90元
83成功說話技巧	梁惠珠編譯	100元
84人生的真諦	鐘文訓編譯	100元
85妳是人見人愛的女孩	廖松濤編著	120元
87指尖・頭腦體操	蕭京凌編譯	90元
88電話應對禮儀	蕭京凌編著	120元
89自我表現的威力	廖松濤編譯	100元
90名人名語啟示錄	喬家楓編著	100元
91男與女的哲思	程鐘梅編譯	110元
92靈思慧語	牧　風著	110元
93心靈夜語	牧　風著	100元

㉔激盪腦力訓練	廖松濤編譯	100元
㉕三分鐘頭腦活性法	廖玉山編譯	110元
㉖星期一的智慧	廖玉山編譯	100元
㉗溝通說服術	賴文琇編譯	100元

・健康與美容・電腦編號04

③媚酒傳（中國王朝秘酒）	陸明主編	120元
⑤中國回春健康術	蔡一藩著	100元
⑥奇蹟的斷食療法	蘇燕謀譯	130元
⑧健美食物法	陳炳崑譯	120元
⑨驚異的漢方療法	唐龍編著	90元
⑩不老強精食	唐龍編著	100元
⑫五分鐘跳繩健身法	蘇明達譯	100元
⑬睡眠健康法	王家成譯	80元
⑭你就是名醫	張芳明譯	90元
⑮如何保護你的眼睛	蘇燕謀譯	70元
⑲釋迦長壽健康法	譚繼山譯	90元
⑳腳部按摩健康法	譚繼山譯	120元
㉑自律健康法	蘇明達譯	90元
㉓身心保健座右銘	張仁福著	160元
㉔腦中風家庭看護與運動治療	林振輝譯	100元
㉕秘傳醫學人相術	成玉主編	120元
㉖導引術入門⑴治療慢性病	成玉主編	110元
㉗導引術入門⑵健康・美容	成玉主編	110元
㉘導引術入門⑶身心健康法	成玉主編	110元
㉙妙用靈藥・蘆薈	李常傳譯	150元
㉚萬病回春百科	吳通華著	150元
㉛初次懷孕的10個月	成玉編譯	130元
㉜中國秘傳氣功治百病	陳炳崑編譯	130元
㉟仙人長生不老學	陸明編譯	100元
㊱釋迦秘傳米粒刺激法	鐘文訓譯	120元
㊲痔・治療與預防	陸明編譯	130元
㊳自我防身絕技	陳炳崑編譯	120元
㊴運動不足時疲勞消除法	廖松濤譯	110元
㊵三溫暖健康法	鐘文訓編譯	90元
㊸維他命與健康	鐘文訓譯	150元
㊺森林浴—綠的健康法	劉華亭編譯	80元
㊼導引術入門⑷酒浴健康法	成玉主編	90元
㊽導引術入門⑸不老回春法	成玉主編	90元
㊾山白竹（劍竹）健康法	鐘文訓譯	90元

(50)解救你的心臟	鐘文訓編譯	100元
(51)牙齒保健法	廖玉山譯	90元
(52)超人氣功法	陸明編譯	110元
(54)借力的奇蹟(1)	力拔山著	100元
(55)借力的奇蹟(2)	力拔山著	100元
(56)五分鐘小睡健康法	呂添發撰	120元
(57)禿髮、白髮預防與治療	陳炳崑撰	120元
(59)艾草健康法	張汝明編譯	90元
(60)一分鐘健康診斷	蕭京凌編譯	90元
(61)念術入門	黃静香編譯	90元
(62)念術健康法	黃静香編譯	90元
(63)健身回春法	梁惠珠編譯	100元
(64)姿勢養生法	黃秀娟編譯	90元
(65)仙人瞑想法	鐘文訓譯	120元
(66)人蔘的神效	林慶旺譯	100元
(67)奇穴治百病	吳通華著	120元
(68)中國傳統健康法	靳海東著	100元
(71)酵素健康法	楊　皓編譯	120元
(73)腰痛預防與治療	五味雅吉著	130元
(74)如何預防心臟病・腦中風	譚定長等著	100元
(75)少女的生理秘密	蕭京凌譯	120元
(76)頭部按摩與針灸	楊鴻儒譯	100元
(77)雙極療術入門	林聖道著	100元
(78)氣功自療法	梁景蓮著	120元
(79)大蒜健康法	李玉瓊編譯	100元
(81)健胸美容秘訣	黃靜香譯	120元
(82)鍺奇蹟療效	林宏儒譯	120元
(83)三分鐘健身運動	廖玉山譯	120元
(84)尿療法的奇蹟	廖玉山譯	120元
(85)神奇的聚積療法	廖玉山譯	120元
(86)預防運動傷害伸展體操	楊鴻儒編譯	120元
(88)五日就能改變你	柯素娥譯	110元
(89)三分鐘氣功健康法	陳美華譯	120元
(91)道家氣功術	早島正雄著	130元
(92)氣功減肥術	早島正雄著	120元
(93)超能力氣功法	柯素娥譯	130元
(94)氣的瞑想法	早島正雄著	120元

・家庭／生活・電腦編號 05

①單身女郎生活經驗談	廖玉山編著	100元

國家圖書館出版品預行編目資料

不可思議的人性心理／多湖輝著；郭汝蘭譯
--初版 --臺北市：大展，民80
面； 公分 --（實用心理學講座；7）
譯自：不可思議ふしきな人間心理
ISBN 957-557-156-8（平裝）

1. 人格心理學

173.75 83002218

本書原書名：不可思議ふしきな人間心理
著 者：多湖 輝
發 行 所：株式會社ごま書房

版權代理／宏儒企業有限公司

ISBN 957-557-156-8

不可思議的人性心理

原著者／多 湖 輝
編譯者／郭 汝 蘭
發行人／蔡 森 明
出版者／大展出版社有限公司
社 址／台北市北投區（石牌）致遠一路二段12巷1號
電 話／(02) 8236031・8236033
傳 眞／(02) 8272069
郵政劃撥／0166955－1
登記證／局版臺業字第2171號
承印者／國順圖書印刷公司
裝 訂／嶸興裝訂有限公司
排版者／千兵企業有限公司
電 話／(02) 8812643
初版1刷／1994年（民83年）4月
2 刷／1997年（民86年）11月

定 價／180元

大展好書 好書大展